Kamele sind für ihr Leben in der Wüste großartig ausgerüstet. Ihre großen, flachen Füße verhindern, daß sie im Sand einsinken. Werden die Kamele und ihre menschlichen Begleiter von einem Sandsturm überrascht, verschließen sie ihre Nasenlöcher und legen sich nieder. Der Mensch kauert sich ganz nah an das Tier und ist so vor den winzigkleinen Sandkörnchen besser geschützt, die ihm in Nase, Augen und Mund dringen. Kamele sind äußerst genügsam und können tagelang ohne Nahrung und sogar ohne Wasser leben.
Trotz allen technischen Fortschritts ist der Mensch in der Wüste auch heute noch auf das Kamel angewiesen.

Die Beiträge folgender Autoren erscheinen mit freundlicher Genehmigung der aufgeführten Verlage.
Hans von Gaudecker: »Kamele im Sandsturm«, »Die Hirtin im Affenfell«, »Die Elefantenfalle«, »Ein Vogel heizt den Brutofen«, sämtlich aus dem Buch »Abenteuer mit Tieren«, Safari-Verlag, München.
R. P. Hobson, »Die wilde Jagd von Vancouver« aus »Bewährung im Sattel«, Schneekluth Verlag, München.
Irma Kockert, »Akka und Rukmini«, aus »Die Welt der Tiere«.
Jack London, »Die Wette mit dem Hund«, aus »Ruf der Wildnis«, Universitas Verlag, Berlin.
Joyce Stranger, »Ein Abendessen für den Schäfer«, aus »Kamerad Hund«, Albert Müller Verlag, Rüschlikon-Zürich.
Die Abbildungen stellten zur Verfügung: Anthony Verlag (S. 24/25, 36, 47); Bavaria-Verlag (S. 14/15, 36/37, 39, 45, 54/55); Ilse Collignon (S. 56 und Vorsatz hinten); dpa-Bilderdienst (S. 46, 64); Gerhard Gronefeld (Vorsatz vorne, S. 13, 22, 23, 37, 65 u., 72/73, 75 2x, 93); Okapia (S. 57 u.); Marion Schweitzer (S. 56/57, 57 o., 63).

Titelfoto Bavaria-Verlag
Gesamtherstellung Münchner Buchgewerbehaus

Die Elefantenfalle

und andere Tiergeschichten

von Hans von Gaudecker, R. P. Hobson, Irma Kockert,
Jack London und Joyce Stranger
Zusammengestellt von Elke Kahlert

Ein Domino-Buch
Herausgegeben vom Sachverständigenrat
für die Auswahl der Domino-Bücher

Inhaltsverzeichnis **Seite**

Von Anfang an hing das Leben und das Überleben des Menschen von den Tieren ab.
Die Menschen der Frühzeit haben die Tiere gejagt, um sie zu essen oder sich vor ihnen geschützt, um nicht gefressen zu werden.
Dann irgendwann vor 12000 Jahren kroch ein Wolf ans Lagerfeuer des Menschen, bekam ein paar Knochen und blieb. Er half den Männern bei der Jagd oder bewachte das Lager.
Später zähmte der Mensch Pferde, Schafe, Ziegen, Hühner, Gänse und Enten. Er nahm fast alle Säugetiere, Fische und Vögel in seinen Dienst. Sie versorgten ihn mit Fleisch, Fett und Eiern, kleideten ihn in Pelze, Wolle oder Seide, bewachten sein Haus, trugen ihn auf dem Rücken und schleppten seine Lasten.
Ohne die Tiere wäre der Mensch hungriger, aber auch einsamer. Trotzdem dankt man ihnen nicht. Sie bekommen, wenn sie Glück haben, ausreichend Nahrung und Schutz vor der Witterung. Wenn sie sehr viel Glück haben, dann krault eine Menschenhand sie hin und wieder hinter den Ohren.

Kamele im Sandsturm

Aus dem Handelshof klingt Kamelgebrüll bis auf die Straße, untermischt mit Stockschlägen und wütenden Schimpfworten. Die gurgelnden, röchelnden Tierlaute ersterben, die Stockschläge hören auf, das Fluchen bleibt.

Omar, der Führer der Karawane, der mit den Kamelen groß und alt geworden ist, geht gemächlich an der hohen Mauer weiter, die den Hof gegen die Straße abgrenzt. Er hat es nicht eilig, zu den Kamelen zu kommen, die hinter der Mauer lärmen. Er weiß, daß die brunftigen Dromedarhengste aufeinander losgegangen sind und daß die Treiber solange dazwischen schlagen und an den Nasenriemen zerren, bis die wütenden Hengste getrennt sind.
Als Omar den Handelshof betritt, blicken die angepflockten Hengste böse auf ihre Peiniger. Die Dromedare stinken entsetzlich, sie pressen aus ihren schäumenden Mäulern den kinderkopfgroßen Brüllsack hervor. – Abstoßend häßlich sehen die Tiere aus, deren Wildheit so elementar durchbricht, deren Wut auf die Menschen dem Drange entspringt, die Stuten zu erobern und zu beschützen. Zornig brüllen und sabbern sie.

Omar läßt die Tiere beladen.
Die Stuten schauen aus sanften Augen zu den Hengsten, die weiter nach ihren Treibern schnappen und nur unwillig die Lasten auf ihren Rücken dulden. 150 bis 200 Kilogramm muß jedes Tier schleppen.
Die Karawane soll von der Küste des Mittelmeeres die Sahara durchqueren.
Nach den Hengsten werden die Stuten beladen. Kismet, die Sanfte, richtet auf einmal ihr Hinterteil ruckhaft steil nach oben. Die Gepäckstücke rutschen. Schon springt die Stute in bockigen Sätzen über den Hof, mit allen vier Beinen schnellt sie sich zu gleicher Zeit hoch. Von ihrem buckligen Rücken fliegen die Gepäckstücke in den Sand. Fluchend springen die Kameltreiber zur Seite. Kläglich schreit Kismet. Aus ihren Augen ist alle Sanftheit verschwunden.
Kein Treiber wagt, sich dem rasenden Tier zu nähern. Da tritt Omar langsam heran. Beruhigend spricht er auf die Stute ein, ihre Augen verlieren den gehetzten Ausdruck. Gehorsam legt sich

Kismet nieder, geduldig läßt sie sich vollpacken, gelassen duldet sie, daß der Bauchriemen festgezogen wird. Dann steht sie auf, als sei nichts geschehen. Im Gleichgewicht schwanken die Kisten zu beiden Seiten des Höckers.
Hengste nach vorn! befiehlt Omar. Die Treiber wissen, weshalb er das anordnete: Bei dem Südwind können die Hengste an der Spitze der Karawane die Stuten nicht wittern, deren erregender Duft sie noch aufsässiger machen würde.

Im Gänsemarsch ziehen die Kamele durch die Wüste. Mit langen, raumgreifenden Schritten geht es über Sanddünen und steinige Hügel.
Glöckchen – am Halse der Tiere befestigt – klingen über der Karawane. Omar hört an dem gleichmäßigen Geläute, daß die Kamele ruhig voranschreiten und ihre neun Kilometer in der Stunde schaffen.
Die Glocken sollen die bösen Geister fernhalten. Das Kamel aber, so glauben die Berber, zieht Seuchen an sich, die dann die Menschen verschonen.
Schwielenbedeckt sind die Gelenke der Tiere. Schwielen legen sich auch wie Polster zwischen die Zehen der weit gespaltenen Hufe und verhindern ein Wundlaufen der Tiere. Diese Schwielen sind nicht entstanden, sondern von der Natur den Kamelen mitgegeben worden!
Auf dem letzten Dromedar sitzt Omar, den nackten, linken Fuß leicht auf den Halsansatz des Kamels gestützt. So lenkt er das an dieser Stelle empfindliche Reittier. Hier am Halse liegen auch die Drüsen, von denen man nur weiß, daß sie scheußlich stinken und zur Brunftzeit eine dunkle, klebrige Masse absondern.
Stundenlang schreiten die Kamele über Sand und Steine im Paßgang dahin.
Endlich tauchen am Horizont einige spärliche Palmenwipfel auf – die Oase. Getrennt von den Stuten werden die brunftigen Hengste

in einem Hain von ihren Lasten befreit. Nachdem die Vorderbeine gefesselt sind, verteilen sich die Tiere unter den wenigen Palmen.
Selbst ein Esel würde auf dieser dürftigen Weide nicht satt. Weit voneinander stehen dornige Büsche und eisenharte Salzpflanzen.
Handstarke Äste brechen knackend zwischen den Zähnen der Dromedare.
Nadelspitze Zweige fassen die unempfindlichen Lippen und führen sie in den Gaumen mit seinen hart gepanzerten Wänden.
Die Kamele sind die einzigen Geschöpfe, die mit der ärmlichen Wüstenkost auskommen, die ohne harte Salzpflanzen nicht leben können.
Dagegen vertragen sie keine üppigen Weiden, auf denen sie krank werden.
Während die gelben Zähne das harte Futter zermahlen, strömt aus unzähligen Drüsen zäher Schleim, der die sperrige Nahrung umhüllt.

Weiter geht der Wüstenmarsch. Die Kamele lassen ihre Unterlippen lässig herabhängen. Ihr Gesichtsausdruck wirkt hochnäsig, als ob sie die kleinen Menschen verachteten. So ziehen sie unermüdlich durch tiefen Sand und über harten Fels.
Omar merkt zuerst die Unruhe der Tiere an dem unsteten Läuten der Glocken. Es ist nicht die Brunft, die Hengste und Stuten nervös macht, es liegt etwas Böses in der Luft, das nicht zu riechen, zu hören oder zu sehen ist, das aber doch vorhanden ist und sich wie ein Alpdruck auf die Brust der Menschen legt.
Als der Sonne Schein verblaßt, als ein nebliger Schleier sich über das Land legt und die stickige Luft in der bedrückenden Windstille den Schweiß in die Poren treibt, da weiß Omar, daß ein Sandsturm droht.
Sand fliegt rieselnd durch die Luft, Sand zieht wie Nebelschleier rauschend über die Dünen. Sand dringt unter die Kleidung, in die

Augen, in Mund, Nase und Ohren. Die Körner jucken unerträglich auf der Haut, sie knirschen auf den Zähnen, erschweren das Atmen, zwingen zum Husten, verstopfen die Ohren und bringen die Augen zum Tränen.
Den Dromedaren scheint der Sandsturm nichts anzuhaben, sie haben ihre Nasenlöcher verschlossen und ziehen weiter ihre Straße.
Ihre langen Beine stampfen gleichmäßig wie die Kolben eines Motors.

Omar hat den Burnus vors Gesicht gezogen. Aus schmalen Schlitzen blicken seine rot entzündeten Augen, sie können kaum die Ohren des Reitkamels erkennen, der Erdboden verschwimmt unter tanzenden Sandkörnern. Er weiß nicht, wieviel Stunden die Karawane schon durch den Sandsturm zieht. Oder sind es Tage? Er, der in der Wüste aufgewachsen ist, hat die Orientierung verloren.
Das ist ihm noch nie passiert.
In einem Dünental wird gerastet.
Die Augenbrauen der Dromedare sind sandverschmiert, an ihren Wimpern hingen Tränen, in denen Sandkörner blitzen. Die Tränen kollern zur Erde, die Tiere weinen.
Doch es ist kein Weinen im menschlichen Sinne, die Feuchtigkeit spült ja nur die Sandteilchen aus den Augen.
Langsam bedeckt der Sand Mensch und Tier.
Es ist Nacht geworden. Der Sturm hat sich gelegt. Sterne blinken.
Kälte legt sich über die Karawane.
Die Dromedare erhöhen ihre Körpertemperatur um drei bis vier Grad, wie sie das allabendlich tun.

Am nächsten Morgen beginnt der Sand von neuem zu wandern.
Erst gegen Abend zieht die Karawane weiter.
Seit 36 Stunden haben die Kamele weder Wasser noch Pflanzen zu sich genommen. Omar läßt ein paar Hände voll Datteln verteilen.

Die Höcker der Dromedare, diese fetthaltigen Vorratskammern für Notzeiten, sind mager geworden.
Der Hengst Abdul kann das Tempo nicht mehr mithalten. Er ist mit seinen 15 Jahren zu alt für diese höllische Überanstrengung. Immer wieder bleibt er zurück, seine langen Beine bewegen sich nur noch mechanisch. Dann legt sich der Kamelgreis in den Sand. Sein Treiber tritt mit dem Fuß nach dem Todmatten, er zieht das Messer, will das erschöpfte Tier durch Stiche zwingen, weiterzuziehen.
Da faßt eine harte Hand seinen ausgestreckten Arm. »Es ist zwecklos!« sagt Omar. Der Karawanenführer sieht auf das Tier herab, das, den Hals weit auf den Boden gestreckt, regungslos daliegt. Diese Sterbelage nimmt jedes Kamel ein, wenn es zu Ende geht. Die Männer nehmen das Gepäck vom Rücken des Hengstes. Schlaff liegt die zusammengeschrumpfte Hautfalte, die einst ein straffer Höcker war.
Omar weiß, daß der Alte schnell verenden wird, weil der Vorrat im Buckel erschöpft ist.
Durch den Verbrauch des Fettpolsters im Höcker entsteht Wasser.
100 Gramm Fett, so haben die Gelehrten festgestellt, liefern 107,1 Gramm Wasser. Da die Menge des im Buckel gelagerten Fettes 30 bis 40 Kilogramm wiegt, so liefert ein Höcker über 30 bis 40 Liter Wasser.

Weiter zieht die Karawane. Die Tiere hungern und dursten, aber sie halten durch. Es ist der vierte Tag seit dem Beginn des Sandsturmes. Schon in der Frühe hat Omar den letzten Tropfen warmen, übelriechenden Wassers ausgegeben. Durst plagt die Menschen. Jedes Schlucken wird zum qualvollen Würgen.
Omars Reittier bleibt plötzlich stehen. Es schlängelt mit dem langen Hals über den Sand, als suche es etwas. Der Karawanenführer spürt durch den Sattel die Erregung des Tieres. Omars fiebrige Au-

gen entdecken, daß der Sand dort, wo des Kamels Kopf suchend herumirrt, etwas dunkler schimmert.
Tatsächlich: Der Sand ist feucht! Und die Feuchtigkeit kommt aus einer Quelle, die der Sandsturm der letzten Tage verschüttete.
Der Mann gleitet vom Rücken seines Tieres, er gräbt mit den Fingern. Schon kann er aus der hohlen Hand einige Tropfen schlürfen und seine Lippen anfeuchten.
Sie sind gerettet, sie können weiterleben – dank der Ausdauer und Findigkeit ihrer Tiere!
Die Dromedare lassen sich voll Wasser laufen. Es kluckert wie in einem Faß, wenn sie sich bewegen.

Hans von Gaudecker

In manchen Teilen der arabischen Welt werden Kamele auch als Zugtiere vor den Pflug gespannt.

Das Kamel, das hier mit einem Ochsen einträchtig Ackerfurchen zieht, ist einhöckrig, also ein Dromedar.

Die Hirtin im Affenfell

So ging das nicht weiter! Schon wieder fehlte eine Ziege, stellte Frau Aston auf ihrer Farm Otjiruse in Südwestafrika fest, als die Herde abends von der Weide zum Ziegenkral zurückkehrte. Die Verluste waren untragbar. Die eingeborenen Hirten wußten nicht einmal genau, ob die Haustiere durch Raubwild versprengt wurden oder ob sie sich verirrt hatten.

Eines Tages fing ein Owambo, der zum Volksstamm der Bantuneger gehört, ein junges Pavianweibchen von der Mutter weg und brachte es in die Lämmerabteilung des Ziegenkrals. Hier wurde es an einem Halsriemen festgebunden.

Rings um die Farm lebten die Bärenpaviane in Herden vereint. Der Owambo hatte Glück gehabt, als es ihm gelang, das zweijährige Weibchen zu fangen.
Denn die Bärenpaviane sichern ihre Herden durch Wachposten, die Alarm geben, sobald Gefahr droht. Geräuschlos gleiten die Wächter dann von ihren erhöhten Ansitzen herab und decken, zunächst schweigend, den Rückzug der Herde.
Die Säuglinge klammern sich an den Bauchhaaren der Mütter fest. Die schon selbständigen Jungtiere reiten auf den Rücken der Mütter, der ältere Nachwuchs wird durch Klapse vorwärts getrieben.
Erst wenn sich die Horde von ihrem Verfolger weiter entfernt hat, beginnen die alten Männchen und der Leitaffe zu schimpfen, in der Absicht, den Feind von der Herde abzulenken.
Der Herrscher des Rudels, ein unerbittlicher Diktator, weiß sich durch den Nackenbiß Respekt zu verschaffen. Alle Weibchen und Jungmännchen müssen sofort parieren, nur die Paviankinder dürfen sich ihm gegenüber allerhand herausnehmen.

Das junge Weibchen im Ziegenkral ahnte wohl, daß ihm der Weg zurück zu den Seinen für immer versperrt war, niemals würde die Sippe es wieder aufnehmen und in ihrem Weidegebiet dulden.
Schon nach drei Tagen fiel der Halsriemen, die Äffin konnte sich frei unter den Ziegenlämmern bewegen. Die fette Milch schmeckte ihr. Später gab es dann Maiskörner als Zukost.
Tag und Nacht blieb sie bei den Ziegen, damit sie sich ganz auf ihre neuen Gefährten umstellte. Die Pavianin kam niemals ins Farmhaus. Auch durfte anfangs kein Mensch mit ihr spielen.

Nach kurzer Eingewöhnung folgte sie freiwillig der Herde morgens auf das Weideland. Die Marschrichtung bestimmten die Ziegen. Denn sie wußten, wo es die besten Gräser gab. Ihre Begleiterin aber hinderte sie am Auseinanderlaufen, sie merkte sofort, wenn die achtzigköpfige Herde nicht vollzählig war, weil einige Tiere im Schatten eines Busches ruhten.
Niemals wurde die Hirtin abgerichtet. Ohne Eingeborene, denn ausgebildete Hirten fehlten, blieb sie allein mit den grasrupfenden Ziegen.
Da kam es im Anfang ihrer Hirtenlaufbahn vor, daß sie ein frisch geborenes Lamm in ihre Arme nahm und hoch in die Krone eines Baumes trug, um es auf einem improvisierten Schlafplatz zu betten. Sie folgte damit dem Mutterinstinkt der Paviane. Doch Ziegen sind keine Affen – und abstürzende Lämmer konnten sich die Knochen brechen.

Frau Aston gewöhnte dem Pavianweibchen, das jetzt schon einen Namen hatte und Ahla hieß, durch Hiebe mit einem Riemen diese von der Natur vorgeschriebene Handlung ab.
Ahla nahm die Strafe hin, wie sie früher in der Horde den Nackenbiß des Despoten ohne Gegenwehr erduldete. Sie brauchte einen Herrscher über sich – und erkannte die Farmerin fortan als »Hordenführer« an.
Die Hirtin hatte sich völlig auf die Ziegen als ihre Kumpane umgestellt. Sie schläft nicht mehr – nach Pavianart – in den Baumkronen, sondern nach Art der Ziegen auf dem Erdboden, mitten zwischen der Herde. Zwar kommt es noch gelegentlich vor, daß die Äffin eine Ziege, die frisch zur Herde kam, von der Tränke abdrängt und beißt. Dann wird sie mit dem Riemen belehrt, daß sich das nicht gehört. Zusammen mit ihren Gefährten sucht Ahla die Salzlecke in einem ausgehöhlten Baumstamm auf und schleckt den Leckerbissen. Das tun Paviane in Freiheit niemals.

Ho – ho! ruft die Hirtin im Pavianpelz, wenn sie die Ziegen auf die Weide begleitet. Die Meckernden halten ständig Stimmfühlung mit dem Pavianweibchen. Sobald die Herde außer Sichtweite der Farm ist, schwingt sich Ahla auf den Rücken einer bejahrten Ziegenmutter, um sich als reitender Hirte das Leben bequemer zu machen. Sie weiß, daß sie das nicht darf, weil sie zu schwer für die schmächtige Ziege ist. Deshalb wartet sie, bis Frau Aston sie nicht mehr sehen kann. Immer ist es dieselbe Ziege, die sie als Reittier mißbraucht.

Eines Tages, kaum eine halbe Stunde nach dem Austrieb der Herde, kam Ahla aufgeregt auf den Farmhof zurück, schimpfte mörderlich und eilte zum Ziegenkral. Was war geschehen? Der Owambo, der morgens die Ziegen melkte, hatte vergessen zwei Lämmer, die schon groß genug waren, um mit ausgetrieben zu werden, aus dem Lämmerkral herauszulassen.
Das Fehlen der Lämmer hatte die Hirtin bei der achtzigköpfigen Herde bemerkt, vermutlich daran, daß die alten Mutterziegen nach ihnen blökten – und war rasch farmwärts geeilt, um die Lämmer zu holen. Jetzt setzte sich die Pavianin an die Spitze des Nachtrupps und führte unter ständigem »ho – ho« die Vermißten der Herde zu.

Seitdem Ahla für die Ziegen sorgte, gab es kaum noch Verluste. Sie fühlte sich ganz als Kumpan der Herde, übernahm auch bei den Ziegen das »Lausen«. In Wirklichkeit handelt es sich dabei um eine Pflege der Haut, bei der die Schuppen abgesucht werden; ein Liebesdienst, der bei den Affen nur den Mitgliedern der Horde erwiesen wird.
Gern lassen sich Lämmer und Muttertiere die Hautpflege gefallen. Die Ziegen halten ganz still, wenn sie von dem zu hohen Milchdruck befreit werden. Dann saugt Ahla nämlich, nachdem das Lamm sich sattgetrunken hat, soviel Milch ab, bis der lästige

Druck nachläßt. Sie »nascht« sonst nie, so daß auch hier anzunehmen ist, sie will sich keinen kleinen Vorteil verschaffen, sondern helfen.
Wenn Ahla des Abends mit der Herde vom Weidegang zur Farm zurückkehrt, trinkt sie zunächst mit den Ziegen. Von der Tränke geht sie dann als erste zum Kral – und springt durch eine Dachluke in den gemauerten Lämmerkral.
Von hier ist es unmöglich, die Muttertiere zu sehen, die Hirtin kann sie nur hören. Aber das genügt dem Pavianweibchen. Sobald es vom Innern des Gemäuers aus hört, wie eine Ziege sehnsüchtig nach ihrem Lamm blökt, ergreift sie stets das richtige Lämmchen, springt mit ihm durch die Dachluke und setzt es ans Euter der Mutter. Nie irrt sie sich. Selbst wenn mehrere Altziegen gleichzeitig meckern und mehrere Lämmer gleichzeitig antworten, immer findet sie das Muttertier heraus und bringt ihm sein Kind.

Woher kommt dieses feine Unterscheidungsvermögen? Eine Orientierung durch den Geruch scheidet aus. Denn bei den eng gedrängt stehenden Muttertieren und Lämmern mischen sich derart viele Hautausdünstungen, daß eine Unterscheidung kaum möglich ist. Auch die Stimmen können die Äffin bei der Zusammenführung von Mutter und Kind nicht leiten, denn Ahla trägt auch dann die Junglämmer ihren Müttern zu, wenn sie keinen Ton von sich geben.
Es bleibt ein ungelöstes Rätsel, an welchen Merkmalen das Tier die Lämmer und Ziegen erkennt. Selbst seine Herrin, die Farmerin Frau Aston, kann sich dieses Wunder nicht erklären, sie bemerkt dazu: »Kein Eingeborener und auch kein Weißer vermag zwanzig und mehr gleichfarbige und gleichaltrige Lämmer den Müttern richtig zuzuteilen. Bei Ahla sind Fehler undenkbar!«
Das Pavianweibchen kann nie die Zeit abwarten, bis sich die Tür des Lämmerschuppens öffnet. Mit heißem Eifer beginnt es, die Kleinen an die Euter der Ziegen zu setzen, es ist ihm anzumerken,

wie sehr es danach verlangt, Mütter und Säuglinge zusammen zu bringen. Ihre Augen gleiten von Tier zu Tier und überwachen das Stillen.
Auch Tierkinder, die auf der Weide geboren werden und noch zu schwach sind, mit eigener Kraft zur Farm zu gehen, nimmt Ahla unter den Arm und trägt sie heimwärts.
Ihr Betreuungstrieb ist so fanatisch, daß es zu ernsten Auseinandersetzungen zwischen der Hirtin im Pavianpelz und den Owambonegern kommt, wenn die Menschen versuchen, in ihre Rechte einzugreifen. Das geschieht, wenn eine Ziege Drillinge wirft. Da die Ziegenmütter nur zwei Striche haben, müßte das dritte Lämmchen verhungern, wenn es die Owambos nicht einer Adoptivmutter ansetzen, die nur ein Lamm zur Welt gebracht hat.
Das aber läßt sich Ahla nicht gefallen. Sie duldet nicht, daß ein Lämmchen seiner Mutter fortgenommen wird. Jedesmal holt sie es zurück, auch wenn es noch so weit fortgeschleppt wurde, um es seiner rechtmäßigen Mutter anzusetzen. Wird ein Eingeborener bei der »Kindesunterschiebung« abgefaßt, dann beißt die Äffin wütend nach ihm.

Ohne künstliche Versuche, ohne Abrichtung hat sich die Äffin auf ihre artfremden Gefährten umgestellt. Mit Hingebung hütet sie die Ziegen und bemuttert die Lämmer. Nie wird sie belohnt, wie das doch bei der »Dressur« von Tieren üblich ist. Trotzdem läßt ihr Eifer nicht nach – das ist vielleicht das Merkwürdigste an dem Pavianweibchen Ahla, das auf Südwestafrikas sonnendurchglühten Feldern jahraus, jahrein die Ziegen hütet.

Hans von Gaudecker

Rentiere sind die einzige Hirschart, die Haustiere wurden. Für viele Eskimos und Lappen bilden sie

auch heute noch die Lebensgrundlage. Sie werden als Zug-, Reit-, Milch- und Fleischtiere gehalten.

Ein Abendessen für den Schäfer

Es war ein schlimmer Tag. Der Schnee fing sich in den Spalten und Rissen und Rinnen; er häufte sich an den Steinmauern und bedeckte das ganze Land. Heulend fegte der Wind über die Abhänge, und die Bäume waren über und über mit Schnee beladen. Unheildrohend knackten ihre Äste unter dem plötzlichen Gewicht.

Der Hund war schon den ganzen Tag unruhig gewesen, als sie den Boden absuchten, die Mutterschafe ausgruben und die verzweifelt stampfenden Tiere durch den ihnen schon bis zur Hüfte reichenden Schnee in die Farm zurückzutreiben versuchten. Jeder Schritt war ein Kampf gewesen. Der Hund konnte seine Ängste dem Meister nicht mitteilen. Der dunkle, bleierne Himmel war am fernen Horizont von einem schwefelgelben, unheimlichen Licht gesäumt, das den Hund zittern machte. Der Berg murrte in sich hinein – zu leise, als daß der Schäfer ihn hätte hören können, doch laut genug, um die Schafe in Angst zu versetzen und den Hund nervös zu machen.

Zweimal duckte er sich winselnd am Boden zusammen und weigerte sich, weiterzugehen. Der Mann brüllte ihn an, wütend auf das Wetter und auf seinen Hund, der sich ausgerechnet einen solchen Tag aussuchen mußte, ihn zu ärgern. Er wollte ins Farmhaus zurück, zu einer dampfenden Tasse Tee und einem lodernden Feuer. Er fluchte auf die Schafe.
Einmal benutzte er seinen Hirtenstab, um ein Tier von einer Felsplatte herunterzuholen, wo es sich aus Angst vor dem Wetter verkrochen hatte. Ein anderes Mal mußte er seinem Hund mit dem Stab aus einer Schneewehe heraushelfen; darunter lag eine tiefe Rinne, in die das Tier mit einem Schreckenslaut gestürzt war. Einen Augenblick später war der Hund wieder frei, und der Hirte lotete mit seinem Stab die Tiefe der Schneedecke aus. Es gelang ihm, einen Weg auszumachen, der auf die andere Seite führte. Doch bevor er sie noch erreichte, begann der Berg zu beben, und eine Mischung von Schnee und Geröll und Erde kam mit wachsender Geschwindigkeit von der Höhe auf den Mann heruntergestürzt.

Der Hund bellte und raste davon. Der Mann versuchte ihm zu folgen, aber seine dicke Kleidung hinderte ihn. Fast schien es, er würde entkommen – das erwischte ihn ein Felsbrocken an der Schulter und schleuderte ihn zu Boden. Ein zweiter begrub seinen Arm unter sich und fesselte ihn so an die Erde, daß er sich trotz aller Anstrengungen nicht mehr bewegen konnte. Hilflos lag er da, wie ein aufgespießtes Kerbtier in einem Sammelkasten. Er pfiff dem Hund, und Moß kam langsam heran, bestürzt mit dem Schwanze wedelnd. Er war noch so jung, daß er noch nie Schnee gesehen hatte, aber bereits so gut erzogen, daß er wußte, ohne Befehl seines Herrn durfte er sich nicht bewegen.

Jetzt verfluchte Wyn Jones die strenge Abrichtung, die er dem Hund hatte angedeihen lassen. Eine Abrichtung, die den Hund gelehrt hatte, daß er sich auf den Befehl »sitz« ohne Gegenbefehl zwei Tage lang nicht von der Stelle rühren dürfe. Eine Abrichtung, sich niemals einzumischen, wenn er andere Hunde beim Bewachen ihrer Schafe sah, und sich immer nur auf das Hirn seines Meisters zu verlassen und niemals auf das eigene. »Geh heim, Hund!« sagte der Schäfer.

Ein anderer Befehl fiel ihm nicht ein. Wenn der Hund allein heimkam, würden sie hinauslaufen und ihn suchen. Falls es zu schneien aufhörte, würden sie vielleicht den Spuren des Hundes folgen könnnen – vorausgesetzt, es hörte auf zu schneien. Wyn Jones schloß die Augen und betete. Trotz Kälte und Feuchtigkeit, die durch seine Kleider drangen, war er mit Schweiß bedeckt.

Der Hund war verwirrt. »Geh heim!« war der Befehl für unerzogene Welpen, aber nicht für einen ausgewachsenen Hund, der mit seinem Herrn draußen in den Bergen war. Winselnd kroch er vorwärts.

»Geh heim, du Idiot!«

Die Stimme klang gereizt, aber noch nicht drohend. Der Hund blickte auf die Schafe – grau gegen das blendende Weiß, jammervoll aneinandergedrängt. Wollige Felle, dicht an dicht zusammengeschlossen, geduldig wartend, daß jemand sie leiten möge.

Wyn Jones fluchte leise, denn eines der Mutterschafe mußte bald werfen. Und jedes in Schnee und Kälte geborene Lamm war verloren, wenn man es nicht schleunigst in Sicherheit brachte.
»Geh heim, du Idiot!« schrie er mit der ganzen Kraft, die er aufbringen konnte. Ängstlich beobachtete er, wie sich Moß, der sich ungerecht bestraft fühlte, mit eingezogenem Schwanz umwandte und wegkroch.

Moß verstand das alles nicht. Es gab doch Arbeit zu tun, und sein Herr hatte keinerlei Recht, dort im Schnee zu liegen. Er rannte zu ihm zurück und versuchte, den Felsbrocken wegzuscharren, der den Schäfer gefangenhielt. Jones seufzte. Das arme Vieh versuchte sein Bestes. Doch Hilfe war nur von Menschen zu erwarten.
»Nein«, sagte er scharf, und erschrocken zuckte der Hund zurück – den Kopf schief gelegt, die Ohren aufgestellt.
»Geh heim!« brüllte der Schäfer.
Diesmal machte sich der Hund auf den Weg, doch mit ängstlichen Augen immer wieder zurückblickend, in der Hoffnung, daß sein Herr aufstehen und ihm folgen würde. Aber als er schließlich einsah, daß sein Herr ausblieb, bemühte er sich mit allen Kräften, die Spur zur Farm zurückzuverfolgen. Er kannte den Weg, den Geruch, Aussehen und Beschaffenheit des Bodens. Aber der Geruch war überdeckt, die Wegmarken verschwunden, und rings um ihn her gab es nichts als unberührten hügeligen Schnee. Er tappte und watete vorwärts, erschreckt von der Stille, dem Schweigen der Vögel, dem Dämmerlicht und der unheimlichen gelben Glut am Himmel.

Manches blieb ihm verborgen, weil er zu klein war. Jede Erhebung war für ihn ein Berg, der mit Schwierigkeiten bewältigt werden mußte. Einmal stürzte er in eine Schneewehe und arbeitete sich keuchend wieder heraus. Für einen Augenblick legte er sich auf den Boden, um auszuruhen. Doch bald trieb ihn der Befehl wieder hoch. Es war seine Pflicht zu gehorchen, er mußte unbedingt heimgehen.

Der Schäfer lag immer noch dort, wo ihn der Felsbrocken getroffen hatte. Tränen der Kälte rannen ihm aus den Augen. Die Schafe standen teilnahmslos mit hängenden Köpfen, die Schwänze im Wind. Da drehte sich plötzlich ein Schaf nach ihm um, kam auf ihn zu getrottet und blieb stehen. Ob es bei ihm Schutz suchte? Es dauerte nicht lange, da folgten die anderen Schafe nach. Der Schäfer war froh, hielten sie doch den Wind von ihm ab und erhöhten so seine Überlebensaussicht. Mit der freien Hand griff er nach dem nächsten Fell, das er erreichen konnte, und zog daran. Sofort legte sich das Mutterschaf dicht neben ihn in den Schnee, als ob es Trost suche. Der Mann schob die Finger in die scharf riechende Wolle und dämmerte vor sich hin. Wirre Träume von heißem Kaffee und einem großen Stück Fleisch und der Wärme und dem Behagen des heimatlichen Hofes geisterten durch seinen Kopf. Jedes Erwachen glich einem kleinen Todeskampf.

Der Hirtenhund hatte jetzt etwa den halben Weg zurückgelegt. Der schneidende Wind trieb ihm das Wasser in die Augen, in seinem Fell hatten sich überall Eiszapfen gebildet. Sein Verlangen nach Menschen war größer als sein Verlangen nach Futter. Er sehnte sich nach Menschen, die ihm Mut zusprachen, ihm Trost brachten und Wärme gaben. Er konnte die grauenhafte Landschaft nicht mehr ertragen, wo sich nichts bewegte. Und weil er so klein war und sich so tief unten am Boden bewegen mußte, konnte er auch die ferne Rauchfahne nicht sehen, die grüßend aus dem Schornstein des Farmhauses aufstieg. Jetzt erreichte er einen von Schafen und Menschen ausgetretenen Pfad und rannte schneller. Aber der Pfad hörte plötzlich auf, die Männer waren zu einer Farm unten im Tal abgebogen. Zum Hof seines Herrn war kein Weg freigeschaufelt, er lag ganz in die weiße Pracht eingehüllt.

Beinahe hatte es der Hund geschafft, da brach das Wintergewitter los und überfiel ihn ohne Warnung. Eben hatte das Tier noch, durch den hohen Schnee watend, die Spuren von Fuchs und Wiesel und futtersuchenden Vögeln erkennen können. Im nächsten Augenblick war er wie mit Blindheit geschlagen, als die riesigen, im Winde wirbelnden Flocken ihm auf Augen und Mund, auf Schulter, Kopf und Hals fielen, so daß er sich dauernd schütteln und sich schließlich in den pappigen Schnee setzen mußte. Wieder und wieder versuchte er, mit den Pfoten das unheimliche klebrige Zeug abzustreifen, das ihn am Sehen und Laufen hinderte.
So konnte er unmöglich weitergehen. Er duckte sich, wo er lag, und lauschte auf das Heulen des Nordwindes und auf die jetzt deutlich vernehmbaren bekannten Geräusche von der Farm unter ihm. Das Klirren eines Eimers, merkwürdig gedämpft, das Murren einer Kuh, das Bellen eines Hundes.
Das war das Zeichen für ihn. Scharf und laut begann er zu bellen. Sofort hörte Rex seinen Kameraden und antwortete ihm. Er würde nicht eher Ruhe geben, als bis man ihn hörte.

»Verdammt, das scheint doch Moß zu sein, dort draußen«, rief Bauer Thomas seiner Frau zu. Er starrte in die wirbelnden Flokken. »Ob was mit Wyn ist?«
Seine Frau Mary sah ihn angstvoll an. Nie zuvor war der Hund allein heimgekommen. Als Strafe für Ungehorsam konnte Wyn ihn nicht heimgeschickt haben, dafür war das Tier zu gut abgerichtet. Und in einer solchen Nacht würde er es bestimmt nicht heimgeschickt haben. Der Bauer hatte seinen Mantel angezogen und stand jetzt am Telefon, die einzige Verbindung mit den Nachbarn, die zu weit weg wohnten, als daß man sie hätte sehen oder nach ihnen rufen können.
»Verdammt, ich kriege keine Verbindung!« knurrte er. Er ging an die Tür und rief in die Dunkelheit: »Moß! Hierher! Moß, komm her! Braver Hund.«

Der Hund bellte und kroch der Stimme nach über die Hügel. Das Rinnsal unterhalb der Quelle war gefroren, Moß rutschte aus. Wo war er? In der Dunkelheit konnte er die Lichter des Farmhauses nicht sehen, die waren hinter einer Mauer verborgen. Aber da hörte er wieder die Stimme:
»Moß! Braver Hund! Komm her!«
Die Stimme war eine Wohltat, ein Trost in der Nacht. Er stürzte auf sie zu und landete entsetzt aufjaulend in einem tiefen Graben, den die Schneedecke verborgen hatte. Vergeblich versuchte er ins Freie zu gelangen, doch der lockere Schnee fiel immer wieder über ihm zusammen. Winselnd blieb er liegen, jenseits der Mauer.

Bauer Thomas holte die große Laterne aus dem Stall. Sie warf einen schwachen Lichtkreis auf den dicken Schnee, der, von den Hufen der Kühe zertreten, aufgetaut und wieder gefroren war und nun einer Eisbahn glich, die einen Mann, der nicht sorgfältig auf seine Schritte achtete, in Gefahr bringen konnte. Der Hund winselte wieder, und der Mann ging vorsichtig näher, beruhigend auf das Tier einsprechend. Dann endlich sah er den Hund – einen dunklen Fleck im glitzernden Weiß. Er packte ihn am lockeren Nackenfell und trug ihn ins Haus. Moß, überwältigt vom Glück, wieder unter Menschen zu sein, jaulte und wedelte mit dem Schwanz und leckte in seinem Freudentaumel die Hand des Mannes.
»So ist er doch sonst gar nicht«, sagte Bauer Thomas, als er Moß Futter vorgesetzt hatte und sah, daß der Hund es nicht anrührte.
»Komm, iß jetzt! In dem Wetter können wir den Schäfer ja doch nicht finden«, sagte der Mann, während er in die Dunkelheit hinausstarrte. Ein Pony wieherte empört, wohl erschreckt durch die Schneeflocken, die der Sturm durch die geöffnete Stalltür trieb.
Fluchend ging der Mann hinaus, um die Tür zu schließen. Als er sich umwandte, sah er im letzten Augenblick, wie der Hund mit einer halben gebratenen Hammelkeule im Mund in die Nacht hinausflitzte.

»Verdammter kleiner Dieb!« sagte er wütend. »Sein eigenes Futter hat er nicht angerührt und vergreift sich nun an meinem!«
»Gehst du ihn suchen?« fragte Mary, die das Geschirr abwusch.
Der Bauer wanderte ruhelos auf und ab. Das Heulen des Sturms und das Tosen im Kamin ließen kein bißchen nach. »Damit wir zu zweit draußen umkommen«, sagte er schließlich, an seine Frau und seine drei Kinder denkend, »das hilft niemandem. Sobald es hell wird, soll Williams mitkommen. Bei diesem Schneegestöber sind ja alle Spuren sofort verweht!«
Aber nachdem seine Frau hinaufgegangen war, saß er noch lange am Feuer. Der Gedanke an den Schäfer bedrückte ihn. Vielleicht war der Mann tot, unter einer Schneewehe begraben oder auf dem Eis gestürzt, wo er jetzt langsam erfror . . .

Der Hund Moß bahnte sich unterdessen wieder seine Spur durch den Schnee, bemüht, sich zu erinnern, wo er hergekommen war. Das Fleisch, das er zwischen den Zähnen hielt, ließ ihm das Wasser im Mund zusammenlaufen, doch er gönnte sich nicht einen einzigen Bissen. Bald hatte er den Wind im Rücken, und trotz des Schnees ging es nun leichter. Ein schwacher Duft verriet ihm eine Spur am Boden, und er folgte ihr, wenn es auch wegen des starken Hammelgeruchs, der ihm in die Nase stieg, nicht ganz einfach war. Doch konnte dieser Geruch seiner Wachsamkeit nichts anhaben. So spürte er auch die ranzige Ausdünstung eines Fuchses, der Hund und Fleisch zu wittern schien und herbeigeschlichen kam – nur um in sein Unglück zu rennen, denn er geriet in eine tiefe Schneewehe.

Es hatte aufgehört zu schneien. Der Mond war durch die Wolken gebrochen und schimmerte auf dem Weiß, das alle Spuren bedeckte, den Weg verbarg und den Schäfer einhüllte und die Schafe, die ihn beschützten.
Moß lief weiter. Manchmal ragte ihm der Schnee fast über den

Kopf, und er mußte immer wieder die Beine herausziehen. Seine Erschöpfung wuchs von Minute zu Minute. Nur einen Augenblick gönnte er sich Rast unter einem verkümmerten Baum. Das Fleisch lockte ihn schrecklich, seine Kiefer schmerzten, doch er blieb standhaft und lief entschlossen weiter. Endlich kam er zu der Stelle, wo der Schäfer lag, und schaute überrascht auf die unberührte Schneedecke. Vorsichtig legte er das Fleisch auf dem Boden ab, schnupperte ringsum und begann zu graben. Er fand den Schäfer und die Schafe in einem kleinen Hohlraum, den ihr Atem geschaffen hatte. Begierig sog der Schäfer die frische Luft ein, aber im nächsten Augenblick überkam ihn unsagbare Enttäuschung, als er nur den Hund sah.

»Moß, Moß, du verdammter Narr! Wir werden noch beide hier draußen verrecken«, sagte er, und der Hund wedelte hilflos mit dem Schwanz. Er konnte nicht verstehen, weshalb er nicht mit Begeisterung begrüßt wurde. Da holte er das Fleisch. Diesmal näherte er sich vorsichtiger, aus Angst, für seine Mühe einen Tritt zu bekommen. Der Schäfer erblickte die Hammelkeule.

»Du verdammter Narr, du bist wirklich dort gewesen? Hoffentlich haben sie dich gesehen«, sagte er und streckte die Hand aus, um das nasse Fell zu streicheln. Der Hund legte sich neben ihn und leckte ihm das Gesicht. Die Schafe, völlig erschöpft von Schnee und Kälte, betrachteten Moß mit wachsamen Augen, aber rührten sich nicht. Das Mutterschaf wand sich in Geburtswehen.

Der Schäfer packte das Fleisch. Es war voller Schmutz und Schnee, doch er zerriß es mit den Zähnen und spuckte die äußersten Schichten dem Hund zu, der gierig seine Belohnung verschlang.

Bauer Thomas, der zusammen mit anderen Farmern zwei Stunden später der Hundespur gefolgt war, fand das Paar in tiefem Schlaf – die Schafe um sie zusammengedrängt, das Mutterschaf unter dem

Kopf des Schäfers, dem es als Kissen diente. Es hielt den Kopf vorgestreckt und leckte sein Junges ab.
Bauer Thomas starrte sie an, zuerst den Hund, der ihn freudig begrüßte, und dann den säuberlich abgenagten Knochen, der zwischen ihnen lag.
»Moß hat mir ein Abendbrot gebracht«, sagte der Schäfer, die Augen voller Stolz auf seinem Hund, während die Männer die Gesteinsbrocken und den Schnee von seinem Arm wegräumten und ihm beim Aufstehen halfen. Dann hüllten sie ihn in Decken und legten ihn auf die Trage, die sie mitgebracht hatten. Heißer Kaffee mit viel Rum half dem Schäfer schnell wieder auf die Beine. Zum Glück erwiesen sich seine Verletzungen als nicht allzu schlimm.
In dieser Nacht, in dem warmen Farmerhaus, auf Mary Thomas' Sofa gebettet, das sie für besser als sein eigenes Bett über dem Kuhstall hielt, beobachtete Wyn seinen Hund, der eine fürstliche Mahlzeit verschlang.
»Hei, Moß, du bist wirklich ein großartiger Kerl«, sagte er. Der Hund blickte ihn an, und sein Schwanz schlug einen Trommelwirbel auf dem harten Fußboden, bevor er sich wieder an seine Schüssel machte, die Mary ihm zur Belohnung so üppig gefüllt hatte.

Joyce Stranger

Seit mindestens 12 Jahrtausenden begleitet der Hund den Menschen auf der Jagd. Das war seine erste und ureigenste Aufgabe. Aber der Hund hat mehr gelernt. Da er einen sehr feinen Geruchssinn hat, ausdauernd und gehorsam ist, wurde er für die verschiedensten Dienstleistungen ausgebildet:
Er bewacht das Haus, beschützt die Herde, zieht Schlitten, führt Blinde und findet Verunglückte unter riesigen Schnee- oder Schuttmassen.

Schule
nrhunde

Ohne den Husky, den Schlittenhund der Eskimos, könnten die Bewohner der arktischen Räume nicht leben. Der außerordentlich genügsame, aber kräftige und widerstandsfähige Hund wird in Rudeln gehalten. Für ein paar Brocken Fleisch am Tag ziehen sie Menschen und Lasten Hunderte von Kilometern durch die Schnee- und Eiswüste.

Die Wette mit dem Hund

Eines Tages kam in der Eldoradowirtschaft die Rede auf Hunde. Im Verlauf dieses Gesprächs pries jeder der Männer die Vorzüge seiner eigenen Tiere. Einer der Männer behauptete, sein Hund sei imstande, eine Ladung von fünfhundert Pfund (250 kg) auf dem Schlitten durchs Eis zu ziehen, ein anderer übertrumpfte ihn um hundert Pfund, wogegen ein dritter seinem Tier siebenhundert Pfund zutraute.

»Was wollt ihr«, sagte Thornton wegwerfend, »Buck kann tausend ziehen.«
»Er kann allein starten und tausend Pfund hundert Yard (91,4 m) weit ziehen?« forschte Matthewson.
»Jawohl, starten und hundert Yard ziehen«, antwortete Thornton kühn.
»Well!« sagte Matthewson langsam und bedächtig, so daß es alle hören konnten. »Ich wette tausend Dollar, daß er es nicht kann. Da liegen sie.« Bei diesen Worten warf er einen Sack mit Goldstaub auf den Schanktisch.
Niemand sprach ein Wort.

Thornton war herausgefordert worden, und er fühlte, wie ihm eine Blutwelle zu Kopf stieg. Er war überzeugt davon, daß seine Zunge mit ihm durchgegangen sei, denn er wußte ja gar nicht, ob Buck tatsächlich tausend Pfund ziehen könne. Eine halbe Tonne! Dieses gewaltige Gewicht erschreckte ihn. Er kannte die Kraft seines Hundes und hätte ihm auch jederzeit diese Leistung zugetraut, aber er war noch nie vor der Notwendigkeit gestanden, sie beweisen zu müssen. Er besaß auch keine tausend Dollar, ebensowenig seine Gefährten. Die gespannt auf ihn gerichteten Augen von etwa einem Dutzend Männern zwangen ihn zu einer Entscheidung.
»Ich habe einen Schlitten mit zwanzig Mehlsäcken draußen stehen. Jeder wiegt fünfzig Pfund. Die Probe kann sofort gemacht werden«, sagte Matthewson mit brutaler Offenheit.
Thornton gab keine Antwort. Er wußte nicht, was er sagen sollte. Seine Augen wanderten ratlos von einem zum anderen, er benahm sich wie ein Mann, der seine Denkkraft verloren hat und nicht weiß, was er tun soll. Da traf sein Blick seinen alten Kameraden Jim O'Brian, einen der erfolgreichsten Männer von Klondike. Das war für ihn ein Wink des Schicksals, er war der einzige, der ihm helfen konnte.
»Kannst du mir tausend Dollar leihen?« flüsterte er ihm zu.

»Gewiß«, antwortete O'Brian und legte gleichfalls einen großen Sack neben dem Matthewsons nieder, »wenn ich auch nicht glaube, daß dein Hund dieses Kunststück fertigbringt.«

Die ganze Wirtshausgesellschaft strömte auf die Straße. Selbst die Spieler verließen ihre Tische, um zuzusehen, vor allem aber, um Wetten abzuschließen. Mehrere Dutzend mit Pelzen bekleidete Männer umringten den Schlitten. Es herrschte eine bittere Kälte – sechzig Grad Fahrenheit unter Null (–51 °C) – und Matthewsons schwerer Schlitten war dazu noch stundenlang im Schnee gestanden, so daß die Kufen angefroren waren. Die Wetten standen jetzt zwei zu eins gegen Buck. Nun entstand ein Streit über den Begriff »allein anziehen«. O'Brian behauptete, es wäre Thorntons Recht, die Kufen zuerst vom gefrorenen Schnee loszubrechen, während Matthewson auf dem Gegenteil bestand.

Da die Mehrheit der Anwesenden sich für Matthewson entschied, schnellte die Quote sogleich auf drei zu eins gegen Buck hinauf. Keiner glaubte, daß der Hund dieses Kunststück zusammenbringen werde. Thornton befand sich in keiner beneidenswerten Lage, er war selbst nie fest überzeugt davon gewesen, daß Buck dies leisten werde. Jetzt aber, als er die zehn Hunde sah, die den Schlitten gezogen hatten, erschien ihm seine Sache fast hoffnungslos.

Matthewson, der den Umschwung recht gut bemerkt hatte, rief frohlockend aus: »Drei zu eins! Ich setze noch weitere tausend gegen Sie, Thornton. Was sagen Sie dazu?«

Dieser Übermut erweckte in Thornton jenen Widerspruchsgeist, der es ablehnt, etwas für unmöglich zu halten, und der ihn taub gegen alle Vernunftsgründe machte. Er rief Hans und Peter zu sich. Aber sie waren arme Teufel, und nur mit Mühe und Not gelang es ihnen, dreihundert Dollar zusammenzukratzen. Es war ihr ganzes Kapital, aber sie setzten es ohne Zögern gegen den hohen Einsatz Matthewsons.

Die zehn Hunde wurden ausgespannt, und an ihre Stelle trat Buck in seinem eigenen Geschirr. Die Aufregung hatte auch ihn ergriffen, er fühlte, daß er auf irgendeine Weise etwas Besonderes für seinen Herrn tun müsse. Ein Gemurmel ging durch die Menge, sein ausgezeichnetes Aussehen war auch mehr als auffallend. Er war in prachtvoller Form. Er schien kein überflüssiges Gramm Fett am Körper zu haben, und sein Fell glänzte wie Seide. Die mächtige Brust und die schweren Vorderbeine standen im richtigen Verhältnis zu den übrigen Teilen seines Körpers.

»Bei Gott, Herr!« rief einer der Ansiedler, den man wegen seines Reichtums den König von Skokum nannte, »ich biete achthundert für ihn. Verstehen Sie, Herr, so wie er da steht.«

Thornton machte eine abweisende Geste und kniete an Bucks Seite nieder, nahm seinen Kopf in beide Hände und flüsterte ihm ins Ohr: »Wenn du mich liebst, Buck, wenn du mich liebst.«

Buck schien zu verstehen und winselte erregt.

Die Menge schaute neugierig zu. Die leisen Worte Thorntons hörten sich wie Beschwörungsformeln an. Als er sich erhob, nahm Buck Thorntons behandschuhte Hand zwischen die Zähne und ließ sie nur langsam, fast widerstrebend los.

Thornton trat zurück.

»Nun los, Buck!« sagte er ruhig.

Buck spannte die Stränge an und lockerte sie dann wieder mehrere Zoll, wie er es gelernt hatte. Dann zog er mit einem Ruck scharf nach rechts. Die Ladung erzitterte ein wenig, und leises Knirschen wurde hörbar. Dann folgte ein neuerlicher Ruck, diesmal aber nach links. Ein Krachen, die Kufen bewegten sich, der Schlitten war frei.

Die Spannung der Zuschauer stieg ins Ungemessene.

Nun warf sich Buck nach vorne und spannte die Stränge, sein ganzer Körper zog sich bei dieser ungeheuren Anstrengung fest zusammen, die Muskeln krümmten sich unter dem seidigen Fell wie Lebewesen und schwollen an. Seine mächtige Brust berührte fast den Boden, sein Schädel lag niedergebeugt auf seinen Pfoten, die wie rasend die Schneedecke aufkratzten. Der Schlitten schwankte, zitterte und zuckte ein wenig vorwärts, ganz langsam, wieder ein Stückchen, zehn, zwanzig, dreißig Zoll und dann – kam er ins Gleiten.

Die Männer keuchten vor Aufregung, dann klang es wie ein einziges Aufatmen. Thornton rannte neben dem Schlitten her und ermutigte Buck mit kurzen, aufmunternden Worten. Die Strecke war vorher ausgemessen worden, und als sich der Schlitten dem Stapel Brennholz näherte, der das Ende der hundert Yards anzeigte, erhob sich ein Rufen und Gebrüll, das sich immer mehr steigerte, als Buck das Ziel passiert hatte und auf Kommando stehenblieb. Die Menge tobte vor Begeisterung, sogar Matthewson schrie mit. Pelzmützen und Handschuhe flogen in die Luft. Man schüttelte sich die Hände, ganz gleich, ob man sich kannte oder nicht. Es herrschte eine unbeschreibliche Begeisterung.

John Thornton lag jetzt neben seinem Hund auf den Knien, zauste ihn und schüttelte ihn hin und her.

»Du Dummkopf, du Strolch, du Kerl!« Diese und ähnliche Koseworte rief er ihm zu, mit einer so zärtlichen Stimme, daß sich alle, die dieser Szene beiwohnten, verwundert ansahen.

»Donnerwetter, hören Sie,« rief der Skokum-König, »Herr, ich gebe Ihnen für diesen Hund tausend Dollar, was sage ich, zwölfhundert! Aber der Hund gehört mir!«

Thornton erhob sich. Seine Augen waren feucht. Tränen liefen ihm über die Wangen.

»Herr, gehen Sie zum Henker mit Ihrem Geld, das ist das beste, was Sie tun können!«

Buck faßte mit den Zähnen die Hand seines Herrn und schüttelte sie kräftig hin und her.

Die Zuschauer zogen sich zurück. Sie hatten das Gefühl, hier nicht länger stören zu dürfen.

Jack London

Es ist mühsam und oft auch gefährlich, auf einem Fangschiff zu arbeiten. Selbst bei Sturm und Kälte werden ganze Fischzüge an Bord gehievt, getötet,

ausgenommen, gewaschen und gleich tiefgefroren. So kommen sie nahezu fangfrisch auf unseren Tisch.

Die Elefanten-falle

Die Leitkuh wurde unruhig, sie fühlte, daß die Herde der 33 Elefanten verfolgt wurde. Aber wer stellte den Dickhäutern im indischen Dschungel nach? Das blieb vorläufig unklar.
Tiger konnten es nicht sein, niemals greifen sie die wandelnden Fleischberge an. Den Elefanten sind zwar die scharfen Ausdünstungen der Aas- und Fleischfresser zuwider, allein sie hassen und fürchten die Tiger nicht.

Wohl aber ängstigt sie das Feuer, weil sie ihm wehrlos ausgeliefert sind. Wenn der Wald brennt und die Glut von Wipfel zu Wipfel springt, fliehen die sonst so ruhigen Geschöpfe erschreckt aus dem Bereich der stiebenden Funken vor dem heulenden, entfesselten Element. Das geschah nach heftigen Gewittern.
Diesmal aber kam das Feuer nicht laut prasselnd, sondern es verfolgte die Herde hinterhältig und still mit einer grausamen Zähigkeit.
Die Elefanten hatten am letzten Tage 80 Kilometer zurückgelegt. Nun lagen die drei Jungen überanstrengt auf dem Waldboden und schliefen.
Die Leitkuh richtete sich sonst nach dem gemächlichen Tempo der Jüngsten, sie hatte diesen Gewaltmarsch angeführt, um endlich das stille Feuer abzuschütteln, das im Rücken der Herde schwelte.
Aber es war nach wenigen Stunden wieder da und glomm an tausend Stellen hinter den Elefanten.
Zitternd umschlug das Führtier eine der Brandstellen, hob den Rüssel – und roch durch den Rauchdunst den Geruch von Menschen. Das Tier hatte nun die schreckliche Gewißheit, daß die zweibeinigen Wesen hinter der Herde herwaren, doppelt gefährlich durch ihre Lautlosigkeit.
Denn laute Menschen blieben harmlos. Diese Erfahrung hatte die Kuh in den 50 Jahren gemacht, während sie spürte, daß stille Menschen Böses vorhaben.

Elefanten sind kluge Tiere, die sich nicht durch ihre Stoßzähne, sondern durch ihre Intelligenz anderen Tieren überlegen zeigen. Die Herde merkte sofort an dem Verhalten der Leitkuh, daß Gefahr drohte. Sie brach auf, die Mütter mit den Jungen voran, dahinter die Bullen und zum Schluß die bejahrte Führerin.
Auf dem alten Elefantenpfade, dem einzigen Wege durch das Gestrüpp des Urwaldes zogen die grauen Riesengestalten im Gänsemarsch dahin.

Wie Kreppsohlen dämpften die dicken Polster an den vier Säulen der Dickhäuter den Druck der 60 Zentner schweren Leiber. Federnd und geräuschlos schritten sie vorwärts.
»Es sind drei Junge, 24 Kühe, ein ganz alter Bulle und fünf Jüngere«, berichtet einer der Späher dem Leiter der Jagd.
Ruhig blicken die dunklen Augen des Hindus auf den Treiber, der – ebenso wie die anderen 700 Waldarbeiter – seit über drei Wochen im Busche lebte und die Herde verfolgte.
»Du hast recht!« sagte der schmächtige Inder zu dem Treiber. Er fand es ganz selbstverständlich, daß dieser Wärter über die Kopfzahl und die einzelnen Tiere genau Bescheid wußte, obgleich er die Herde nie gesehen hatte.
Nur aus den verwischten Abdrücken der Sohlen im Waldboden, aus der Höhe der Zweige, die beim Fressen abgerupft wurden, schlossen die Wachen auf Kopfzahl, Geschlecht und Alter der Tiere. Schon seit Wochen trieben die Treiber die Herde vorwärts und lenkten sie, ohne daß die Tiere es merkten.
Die Waldarbeiter bildeten eine elastische Kette, die jetzt nur noch nach einer Seite offen blieb. Dort aber hatten die Wärter die Khedda angelegt, eine Riesenfalle aus übermannshohen Palisaden, die ein Waldstück einzäunten. Nur eine Öffnung klaffte, über der ein Falltor hing.
Kurz vor dieser Umzäunung blieb die Herde zögernd stehen. Hatte sie Verdacht geschöpft?
Das war der kritische Augenblick! Verdichtete sich der Verdacht der Elefanten, dann konnte keine Macht der Welt sie in die Khedda treiben, dann war das Treiben mißglückt.
Auf einmal flammten im Rücken und in der Flanke der Dickhäuter tausend Brände auf, loderten empor, von trockenen Reisern entfacht. Die Treiber drangen lärmend vor, Gewehrschüsse knallten, Trommeln rasselten.
Die Herde floh hinein in den Fangraum, sie roch das frische Wasser des Baches, der durch die Khedda floß, sie folgte der Leitkuh, die

nicht die Menschen witterte, die hoch in den Bäumen hockten und deren Witterung über die Rüssel hinwegstrich, obgleich diese Riechorgane auf- und abzuckten, um jeden Ruch zu erfassen. Dumpfe Axtschläge hörte die Herde. Dann rasselte das Fallgatter herunter. Einer der Wärter hatte das Hanfseil durchhauen, die Riesenfalle schlug zu!

Panik ergriff die sonst so bedächtigen Geschöpfe. Wild quirlten die Fleischberge durcheinander, warfen sich gegen die Umzäunung, konnten nicht verstehen, daß der Weg, den sie kamen, auf einmal versperrt war. In ihrer Angst trompeteten und kreischten die gequälten Riesen.

Die Tiere rappelten sich müde bei dem vergeblichen Bemühen, die Pfähle mit ihren Tonnengewichten zu knicken.

Schließlich standen sie, ein geschlagener Haufen, dicht gedrängt, die Jungen und Kühe in der Mitte, die Bullen an den Flanken in der Mitte der Khedda.

Die Nacht senkte sich über das Gefängnis. Das Gefüge der Herde lockerte sich. Die Elefanten dachten bloß noch an sich. In friedlichen Zeiten fühlten sich alle Tiere für die Jungen mitverantwortlich, jetzt umsorgten nur noch die Mütter ihre Kinder.

Nach drei Tagen waren die Eingeschlossenen so mürbe durch die Angst, durch wildes Toben und entkräftendes Hungern, daß sie nur müde die Köpfe hoben, als das Falltor kurze Zeit hochgezogen wurde.

Gemessenen Schrittes traten die gezähmten Elefanten in den Fangraum, auf ihren Rücken die zierlichen Mahauts, ihre ständigen Pfleger mit einem Gehilfen. Voran ritt der Obermahaut auf einer bejahrten Kuh, die sicher 70 Zentner wog.

Die Greisin tat so, als wäre nichts besonderes geschehen, sie rupfte hier und da ein Zweiglein ab und blinzelte dabei zu dem Trupp Gefangener hinüber.

Aus dem Haufen löste sich der starke Bulle, er schritt wie ein wandelnder Dom auf die Artgenossin zu, strich mit seinem Rüssel über ihre Stirn – und ging dann zu den Seinen zurück.

Es lag etwas Beschwörendes in dieser Geste, als wollte der Bulle im Namen seiner einst freien Gefährten das Tier, das den Menschen diente, für seine Herde gewinnen – und ihm klarmachen, daß die Wildlinge der Greisin vertrauten.

Doch das war wohl eine menschliche Erwägung, die auf Abwege geriet, bei dem Versuch die merkwürdige Geste zu deuten.

Die zahme Führkuh fühlte sich jedenfalls in keiner Weise den wilden Gefährten zugehörig. Zusammen mit einem weiteren zahmen Elefanten, nahm sie den alten Bullen in die Mitte, so daß er weder nach rechts, noch nach links entweichen konnte. Widerstandslos ließ er sich in einen kleinen Raum abführen, ohne seine mächtigen Stoßzähne zu gebrauchen.

Wie eine Schlange glitt der Obermahaut vom Rücken der Kuh. Durch ihren Leib gedeckt, näherte er sich den Hinterfüßen des Gefangenen, die nervös hin- und hertrippelten. Geschickt benutzte der Inder den kurzen Augenblick, da eine der Hintersäulen angehoben wurde – und legte eine Schlinge um den Fuß.

Als er auch eine Fessel um die Brust des Riesen schlingen wollte, hob der gereizte Bulle den Rüssel und ließ ihn wie eine Keule auf sein Opfer niedersausen.

Da schlug die gezähmte Kuh im letzten Augenblick den Rüssel des Rasenden zur Seite. So rettete sie das Leben des Menschen. Jetzt zog sie den vor Wut kreischenden Dickhäuter hinter sich her zum Zähmplatz.

Hinter dem Widerstrebenden sorgte ein zweiter zahmer Elefant dafür, daß auch das Seil, das den Hinterfuß umschlang, immer straff blieb.

Alle drei hatten die Umzäunung hinter sich, alle drei bewegten sich im unendlichen Urwald.

Wie leicht konnten die Arbeitselefanten mit dem Gefangenen gemeinsame Sache machen – und in das Dschungel entfliehen.

Sie kamen nicht einmal auf den Gedanken, sie halfen dem Menschen getreulich, den Wildling an Pflöcke zu fesseln. Hier konnte er seine letzte Wildheit austoben.
Erst als er völlig gebrochen war, trat der Mahaut zu ihm, redete ihm mit leiser, beschwörender Stimme gut zu, streichelte und fütterte ihn – und verstand es in kurzer Zeit, aus dem freien Tier des Dschungels einen gehorsamen Diener des Menschen zu machen, der genau wie jetzt seine gezähmten Artgenossen die Gefangenen verraten würde.

Nach drei Monaten war die ganze Herde gezähmt. Von weither kamen die Menschen zur Auktion.
Ein deutscher Zirkus kaufte fünf Kühe, die in der Manege ihre Kunststücke zeigen mußten; sie tanzten in Sepplkleidern, balancierten auf Flaschen und Fässern.
In den Zirkussen treten nur Kühe auf, bei Bullen ist das Risiko zu groß, daß sie böse werden und ihre Lehrmeister anfallen. Sobald die Brunftdrüsen neben den Ohren eine dunkle, übelriechende Flüssigkeit absondern, ist den Riesen nicht mehr zu trauen.
So wird auch der alte Dickhäuter, der zuerst gezähmt wurde, in Indien bleiben. Denn die Mahauts sind die einzigen Menschen, die auch mit brunftigen Bullen fertig werden, sie lehren die Träger der Stoßzähne dreiundzwanzig verschiedene Kommandos zu befolgen beim Transport von Holzstämmen.
Selbst wenn er wollte, könnte der Bulle nicht in den Dschungel zurück, keine Herde würde ihn aufnehmen, er hat seinen Geruch verloren und müßte fortan einsam als Geächteter durch den Urwald ziehen.
Seit Jahrhunderten werden die indischen Elefanten in der Khedda gefangen und gezähmt. Doch richtige Haustiere werden sie nie. Denn immer neue Herden und Wildlinge müssen eingefangen werden, da sich die Dickhäuter in Gefangenschaft nicht vermehren.

Hans von Gaudecker

Kein Traktor ist in unwegsamem Gelände so wendig wie ein Elefant. Auch zehn starke Männer haben nicht seine Kraft. In Indien und auf Ceylon werden Elefanten gezähmt und besonders für Holzfällerarbeiten verwendet.
Fleißig und geduldig tun sie, was ihr Führer von ihnen verlangt.
Nach des Tages Müh' und Last aber haben sie eine Erfrischung verdient. Dann dürfen sie in einem Fluß oder in einem See baden und sich wohl fühlen.

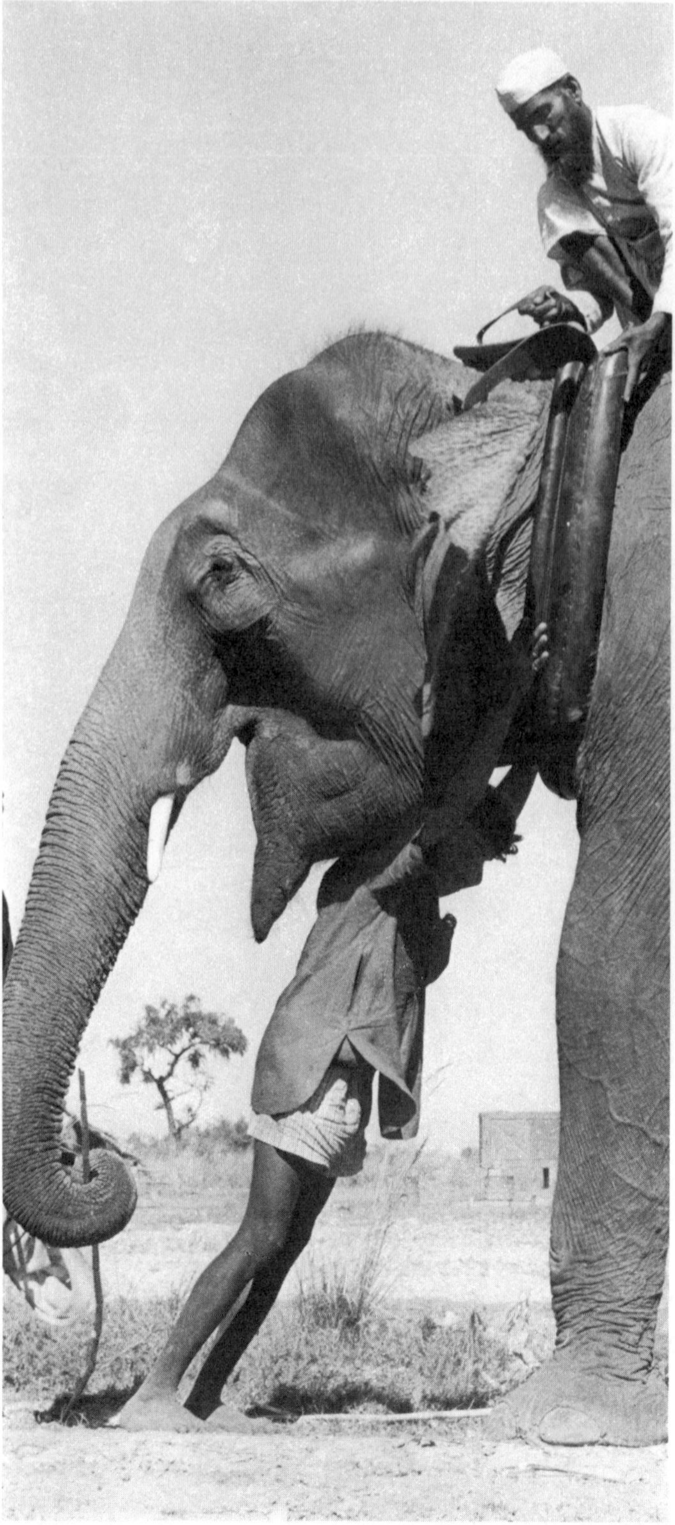

Akka und Rukmini

Rukmini ist ein kleines Indermädchen. Rukminis Vater ist ein Elefantenwärter. Sechs riesenhafte Elefanten hat er zu betreuen. Sie ziehen weit im Lande umher. Jetzt sind sie gerade in einem Walddorf, wo viele hohe Bäume gefällt werden müssen. Die Tiere sind sehr klug. Rukmini meint, daß Akka, die Elefantenmutter, jedes Wort versteht, das man ihr sagt.

Akka liebt Rukmini, spielt mit dem Kind, hebt es mit dem Rüssel auf ihren Rücken und paßt auf, daß dem kleinen Wildfang kein Leid geschieht. Rukmini schneidet für Akka junges, süßes Zuckerrohr im Busch. Die anderen fünf Elefanten sind aber nicht Akkas Kinder, sondern diese erkennen die alte, kluge Elefantenkuh freiwillig als Leittier an. In dem großen, leeren Getreidespeicher des Dorfes sind die Tiere für die Nächte einquartiert. Ganz in der Nähe ist auch die Hütte, in der Rukmini mit ihren Eltern wohnt. Abends, wenn der Vater mit seinen Elefanten aus dem Wald heimkommt, werden allen Tieren die Vorderbeine eng gefesselt. Nur Akka darf frei umhergehen, denn sie sorgt für Sicherheit und Ordnung. Wenn die fünf Elefanten fest schlafen, dann wacht Akka. Sie paßt auf, daß sich keine Schlange einschleicht und daß kein Fremder den Stall betritt. Bei Gefahr stößt sie laute Trompetentöne aus. Wenn sich die jüngeren Tiere einmal zanken, sorgt die Elefantenmutter für Frieden.
Eines Abends ist der Wärter mit seiner Frau zu einer Hochzeitsfeier in ein Nachbardorf gegangen. Rukmini bleibt allein zu Hause. Das macht ihr nichts aus, denn sie ist es gewohnt. Sie fürchtet sich nicht. Als es dunkel wird, ißt Rukmini ihren Reis. Sie wäscht und kämmt sich und legt sich auf ihr Bett. Aber Rukmini kann nicht einschlafen. Endlich steht sie wieder auf und öffnet die Tür. »Wo ist nur der Mond?« denkt sie. Drüben leuchten wohl ein paar Sterne, aber im Osten ist der Himmel ganz schwarz. Verwundert reibt sie sich die Augen. Sollte es ein Unwetter geben? Vor den schweren Gewittern, die der Regenzeit vorausgehen, fürchtet sie sich. Das Krachen des Donners jagt ihr immer Angst ein. Wenn doch nur die Eltern zu Hause wären, dann könnte sie zu der Mutter auf den Schoß klettern und den Kopf ganz fest in ihre Arme drücken. Da! Jetzt blitzt es schon! Rukmini überlegt, was sie tun kann. Schnell wickelt sie ihre Decke um die Schultern, öffnet die Tür der Hütte und läuft zum Elefantenstall. Die alte Akka ist ja wach. Da kann Rukmini bleiben. Sie ist dann wenigstens nicht

mehr allein. – Auch die Elefanten sind unruhig. Sie fühlen das herannahende Unwetter. Die Ketten an ihren Vorderbeinen klirren, wenn sie sich bewegen. Im Stall ist es ganz finster. Zögernd bleibt das kleine Mädchen an der Tür stehen. »Akka!« ruft sie leise. Dann hört sie vorsichtige Schritte im Dunkel. Ein riesenhafter Schatten taucht im Schein eines Blitzes vor ihr auf. Sacht wird Rukmini hochgehoben und weitergetragen. Akka setzt das zitternde, leise weinende Kind behutsam auf den Boden, rafft mit dem Rüssel Heu zusammen und baut daraus ein weiches Nestchen. Dann hebt sie Rukmini hinein.

Draußen bricht das Unwetter los. Der Regen stürzt in Bächen vom Himmel. Es blitzt und donnert ohne Unterbrechung. Aber Rukmini fürchtet sich nicht mehr. Sie weiß, daß die treue Akka sie behütet. Es kann ihr nichts mehr geschehen. So schnell wie das Gewitter heraufzog, so schnell verschwindet es wieder.

Als die Eltern am andern Morgen heimkommen, sehen sie mit Entsetzen, daß die Hütte vom Unwetter fast zerstört ist. Das Dach ist davongeweht. Einzelne Strohbüschel hängen noch in den Bäumen. Die Tür zur Hütte ist aufgesprungen. Im Innern ist alles durchweicht und durcheinandergeworfen. Verzweifelt suchen die Eltern nach Rukmini. Nur ihr blaues Tuch liegt durchnäßt auf dem Boden. Endlich sagt der Vater: »Komm, wir wollen erst bei den Elefanten nachsehen! Vielleicht ist Rukmini dort.« Sie öffnen die Stalltür und sehen ein seltsames Bild. Zwischen den Vorderbeinen der Elefantenmutter liegt Rukmini friedlich in ihrem Nestchen aus Heu und schläft. Im Kreis stehen die andern Tiere herum, als wollten sie eine Schutzmauer bilden. Leise trompetet Akka, als sie den Vater sieht. Davon wacht Rukmini auf, reibt sich die Augen und lacht die Eltern an. Dankbar und glücklich streichelt der Vater der treuen Akka den Rüssel.

Heute bekommen die Elefanten zur Belohnung einen großen Berg Zuckerrohr. Akka braucht nicht zur Arbeit zu gehen. Sie spielt den ganzen Tag mit Rukmini.

Irma Kockert

Um den Hunger und die Bedürfnisse der wachsenden Menschheit zu stillen, reichen die freilebenden Tiere bald nicht mehr aus. Deshalb hat man begonnen, selten gewordene Meerestiere, aber auch wertvolle Pelztiere auf Farmen zu züchten.
Bienen jedoch züchtet der Mensch schon seit Jahrhunderten.
Auch die Züchtung von Brieftauben hat Tradition. Heute wird es aber nur noch als Hobby betrieben.
Eine Schneckenzucht dagegen kann ein recht gutes Geschäft sein. Feinschmeckerlokale beziehen ihre Schnecken meistens von Schnekkenfarmen.

Ein Vogel heizt den Brutofen

Mit gesträubtem Gefieder stürzt sich der hühnergroße Vogel auf die Artgenossin, die sich schüchtern dem Laubhaufen nähern wollte, jetzt aber flüchtet die Talegallahenne vor soviel geschwollener Wut. Erst im dichten australischen Busch verharrt sie und blickt – durch Eukalyptusblätter gedeckt – zurück auf das Männchen, das sein Weibchen weiter nicht beachtet.

Verbissen scharrt es weiter an dem Haufen verwesenden Laubes, es strengt sich so an, daß sein Kopf und der nackte Hals rot anlaufen, und sein gelber Kehllappen sich aufbläht. Mit Hingebung verteilt es die Blätter. Der Vogel scheint dabei nach einem bestimmten Plane zu verfahren. Denn ab und zu bleibt er stehen, als überlege er, wie er die Blätter ausstreuen soll.

Das Männchen allein will bauen, es bestimmt den Umfang und die Höhe des Hügels, es scheint dieses Gebäude mehr zu lieben als die Henne.

Denn nach der Begattung läßt er sie nur widerstrebend an den Haufen heran, und nur solange wie sie braucht, um – tief in die Laubstreu eingebettet – ein Ei zu legen.

Alle drei Tage kriecht die Henne in den Haufen. Wenn sie ihn verläßt, liegt ein weißes Ei mehr in dem tiefen Loch unter dem Wipfel des Hügels, es ist schwerer als ein Gänseei und viel zu groß für das schmächtige, kaum hühnergroße Tier.

Es dauert viele Wochen, bevor das Gelege vollständig ist. Nun darf die Henne sich überhaupt nicht mehr dem zusammengescharrten Laubhaufen nähern.

Der Talegallahahn gibt sich seiner Arbeit ganz hin, ständig verteilt er die Blätter anders – doch ans Brüten denkt auch er nicht.

Das Brüten besorgt nämlich der Laubhaufen, der von dem Männchen wie eine Brutmaschine bedient wird.

Es ist tatsächlich ein Vogel, der die erste Brutmaschine erfunden hat, Millionen Jahre bevor die Menschen auf den Gedanken kamen, Eier durch künstliche Wärme auszubrüten.

Wie der Talegallahahn beherrschen seine Verwandten, die zehn Arten der Großfußhühner die Kunst, die Brutöfen so zu heizen, daß sie eine gleichmäßige Wärme halten. In dem weiten Gebiet, das Australien, die Philippinen und Samoa umgrenzt, regulieren diese Tiere ihre Brutmaschinen. Mit ihren großen Füßen, die in langen Zehen mit scharfen Krallen enden, besitzen diese seltsamen Vögel

ein ideales Werkzeug, das Harke und Schaufel zugleich ist – und erst das Bewegen großer Laub- und Sandmassen ermöglicht.
Bis zur Erschöpfung arbeiten die Großfußhühner daran, daß die Temperatur nicht unter 33 Grad Celsius sinkt – und diese Wärmegrade auch nicht überschreitet.
Denn das ist genau die Temperatur, bei der sich der Keim in den Eiern entwickelt.
Wie leicht kann bei Überhitzung das Ei kochen und sein Keim absterben. Jeder Bauer weiß, daß im zu früh eingefahrenen allzu feuchten Heu wärmeliebende Bakterien sich fieberhaft entwickeln und dadurch die Hitze zur Glut entfachen, die zur Selbstentzündung führt.
Die Gärungsfeuchtigkeit des Laubes und der Gräser erzeugt auch im Brutofen der Großfußhühner die Wärme. Fehlt die Feuchtigkeit, dann bleibt der Haufen kalt, Gräser und Blätter zerfallen zu totem Staub.
Deshalb graben die Brutkastenvögel schon im Herbst, also ein volles halbes Jahr, bevor das erste Ei gelegt wird, eine Mulde, in der sich die Winterfeuchtigkeit sammelt. In diese Mulde schaufeln die Vögel Gräser und Laub.
Bleibt der Regen aus, dann denken die Tiere nicht daran, am Brutofen zu arbeiten und ihn zu regulieren.
Sie wissen, daß mit pulvertrockenem Laub in regenlosen Sommern keine Gärungswärme erzeugt werden kann.
Feinfühlig spüren die Großfüßigen, wenn die Temperatur im Brutofen auch nur um den Bruchteil eines Wärmegrades von der Norm abweicht. Sie picken Sand aus dem Hügel, behalten ihn prüfend im Schnabel, lassen ihn dann zur Erde rinnen, mit Zunge oder Gaumen die Wärme messend. Ist es im Brutofen zu heiß, dann breiten sie den warmen Sand in den kalten Nächten aus, damit er gut durchkühlt, an heißen Tagen bei zunehmender Wärme um die Eier verteilt wird und wie ein Kühlschrank wirkt.

Während in der Bundesrepublik das Leben unter Schnee und Eis erstarrt, entwickeln sich unter der sengenden Sonne Australiens die Küken der Großfußhühner im Brutofen. 63 bis 84 Tage dauert es bei ihnen, bevor sie die Eischalen sprengen. Das ist weit länger als bei den anderen Vögeln. Keine 15 Tage brauchen bis zum Schlüpfen: Grasmücke, Lerche, Rotkehlchen, Pirol, Rauchschwalbe, Zaunkönig, Buchfink, Bachstelze, Singdrossel, Stieglitz, Rotschwänzchen, Grünfink, Sperling und Kuckuck.
40 Tage Brutdauer beanspruchen Schwan und Strauß, das ist schon die längste Zeit bei Vögeln, die mit ihrer Körperwärme das Leben erwecken.

Die Reifedauer der Eier von Großfußhühnern liegt näher an der von Reptilien. Krokodile kommen 40 bis 60 Tage nach der Eiablage zur Welt, und Ringelnattern in 63 Tagen.
Ähnlich wie bei den Reptilien reifen die Eier der Thermometervögel, sie erinnern daran, daß die Vögel in grauer Vorzeit aus dem Stamm der Schuppenträger sproßten, bevor sie eigene Wege gingen und sich die Luft eroberten.
Für einen Jungvogel bleibt das Sprengen der Eischale die erste große Anstrengung seines Lebens. Meist liegt er dann, nach der Befreiung, schwer atmend auf der Seite, unfähig den viel zu schweren Kopf zu heben. Doch hat er ja die Gefängnismauern gesprengt und kann frei atmen.
Für das Küken, das im Ofen der Talegallahühner zur Welt kommt, beginnt aber erst der schwerste Kampf, nachdem die Schalen zerbrachen.
Tief unter heißem Laub und Sand begraben, steckt es in der stickigen Luft des Brutofens.
Es klagt nicht über seine verzweifelte Lage, es kann sich nicht, wie die Küken unserer Haushühner – schon durch die Eischalen hindurch – mit der Mutter verständigen. Sein Rufen würde unter der Erde ungehört verhallen, deshalb ist es stumm.

Das lebendig begrabene Neugeborene beginnt in dem modrigen Kerker sich höher zu arbeiten.
Längst ist der Schacht verschüttet, durch den einst die Henne in die Tiefe kroch, um das Ei abzulegen.
Zentimeter um Zentimeter ackert sich das zähe Geschöpf in die Höhe. Ein langer, dunkler Weg liegt vor ihm.
Gegen Abend ist das Küken geschlüpft, die ganze Nacht hat es sich abgerackert. Jetzt ist es völlig erschöpft. Verzagt will es aufgeben, die Luft wird knapp.
Es hört dicht über sich raschelndes Laub, es kann sich dies Geräusch nicht erklären.
Es ist der Hahn, der nur darauf bedacht ist, die Temperatur im Brutofen auf 33 Grad zu halten, alles andere ist ihm gleichgültig.
Auch er hört das feine Rascheln seines Kindes. Doch er hat kein Verlangen, es zu sehen, oder ihm gar zu helfen. Wie ein Besessener reguliert er weiter die Wärme durch Erhöhen oder Abtragen der Laubschicht.
Es dämmert schon, als das ermattete Küken sich endlich durchgewühlt hat, und den Kopf auf dem dumpfen Verlies steckt. 20 Stunden hat es gedauert, bis es sich die Freiheit erkämpfte. Jetzt schüttelt sich das Kleine, das schon so erwachsen wirkt, Sand und Laub aus dem Gefieder.
Fest steht es auf seinen großen Füßen, einem Erbteil des Vaters.
Der Hahn wirft nur einen flüchtigen Blick auf sein eigen Fleisch und Blut. Dann gräbt und harkt er weiter, einem Trieb gehorchend, der mächtiger ist als die Vaterliebe.
Das Tierkind sorgt für sich selber. Mutig beginnt es seinen einsamen Lebensweg, nachdem es die Nacht in einem Busch geruht hat.
Ist es ein Hähnchen, wird es, wenn es erwachsen ist, genau wie sein Vater, einen Brutofen bauen und peinlich darauf achten, daß die Wärme genau bei 33 Grad verharrt.
Ist es aber ein Hühnchen, so wird es die Brutunlust seiner Mutter

geerbt haben und seine Eier eines Tages dem großen Laubhaufen anvertrauen. Alles weitere besorgt dann der Hahn, der dafür sorgt, daß das Geschlecht der merkwürdigen Thermometervögel nicht ausstirbt.

Dazu muß er sich weiter gewaltig anstrengen. Denn die Verluste sind groß. Wirbelstürme können den ganzen Besatz des Brutofens mit einmal vernichten, so daß alle Aufopferung vergeblich bleibt.

Nur die stärksten Küken schaffen den Aufstieg durch die Hölle des Brutofens. Die meisten verzagen und verzappeln auf dem Todeswege, elend erstickt im heißfeuchten Laube.

Füchse, die aus Europa nach Australien eingeführt wurden, gieren nach den Eiern. Eidechsen kriechen in die Legenester der Hühner, rauben und verschlingen ihre Eier.

Die Ureinwohner Australiens und der Pazifischen Inseln suchen die Haufen – und wer sie zuerst findet, ist der Eigentümer. Niemand darf in seinen »Hühnerstall« einbrechen. Die Besitzer sammeln die Eier, wie es die Hühnerhalter im fernen Europa tun, wenn sie ihre Fallnester leeren. Die Australier graben sogar die Legeschächte für die Hennen, um sie anzuregen, dort abzulegen. So können sie in den großen Haufen leichter die Eier finden und müheloser ernten.

Trotz der hohen Einbußen werden die Brutofenhühner weiter auf großem Fuße leben und ihre Eier den Laubhaufen anvertrauen müssen! Es bleibt ihnen keine andere Wahl. Denn die Hennen können unmöglich die Rieseneier ausbrüten, ihre Wärme würde nicht ausreichen, um den stattlichen Haufen zu durchdringen.

Hans von Gaudecker

Gänse und Enten sind für Polen und Ungarn ein wichtiger Exportartikel. Sie werden in riesigen Herden aufgezogen, am Fließband getötet, gerupft, ausge-

nommen und dann tiefgefroren in alle europäischen Länder verschickt.

Der Mensch hat alle Tiere gejagt, deren Erzeugnisse oder Fleisch ihm gut schmeckten. Je seltener die Tiere waren, desto köstlicher fand er sie.
Auch japanische Wachteleier gelten als besonders feine Delikatesse. Der kleine, nur 110 g schwere Vogel wurde seit dem 11. Jahrhundert als Singvogel in Japan gehalten. Anfang unseres Jahrhunderts entdeckte man sein Ei als Leckerbissen. Seit 15 Jahren wird er auch in Deutschland gezüchtet.
Die japanische Wachtel legt ungefähr 300 Eier im Jahr und fängt mit diesem Geschäft bereits fünf Wochen nach dem Schlüpfen an.
Nur das Brüten hat man dem Vogel abgewöhnt. Er würde ja sonst seine Eierlieferungen für einige Zeit einstellen.

Die wilde Jagd von Vancouver

Drei endlose Tage und Nächte verbrachten wir schlaflos in den ungefederten, rumpelnden Viehwaggons. Dann endlich stolperten zwei übermüdete, dreckige, unrasierte und total erledigte Cowboys auf dem Güterbahnhof von Vancouver aus den Waggons.
»Huah –«, gähnte Rob. »So müde bin ich noch nie im Leben gewesen. Kein Schlaf auf dem Treck; kein Schlaf, keine Pause in Vanderhoof.«

»Und«, fuhr ich fort, »kein Augenblickchen Schlaf in diesen schrottreifen Rumpelkarren, die man uns da beschert hat.«
»Na, wenigstens sind wir unsere Gäule los und brauchen nicht gleich wieder aufzusitzen«, sagte Rob.
»Sobald das Vieh ausgeladen ist, schnappen wir uns ein Taxi und machen, daß wir in die Stadt kommen, ins Georgia«, sagte ich. »Unterwegs können wir uns schnell noch 'nen Anzug, frische Unterwäsche und Socken und vor allem ein paar feine, weiße Hemden kaufen.«

Tom Baird, der hochaufgeschossene Verwalter der Viehhöfe von Vancouver, trat heran und begrüßte uns lächelnd.
Tom Baird war damals über fünfzig Jahre alt und sah mit seinem gepflegten Äußeren und seiner Goldbrille fast wie ein Gelehrter aus. Er war früher Viehzüchter, Zureiter und Spezialist für Landerschließung gewesen. Tom konnte immer noch eine Herde leiten und warf sein Lasso so sicher wie ein Junger. Er hatte damals – und wahrscheinlich heute noch – seine Finger so ziemlich bei allen größeren Geschäften mit Pferden und Vieh mit im Spiel.
Tom platzte fast vor Begeisterung. Er strahlte uns beide an. Ich hatte den Eindruck, daß er ganz besonders erfreuliche Nachrichten für uns hätte, doch hielt ich mich bis zum letzten zurück. »Wir nehmen uns jetzt schnell ein Taxi und sehen zu, daß wir ins Georgia-Hotel in die Badewanne kommen«, sagte Rob.
«Kerls!« Tom grinste. »Dafür habt ihr jetzt keine Zeit. Stuyvesant ist unterwegs nach hier. Er ist in anderthalb Tagen von Vanderhoof hierhier gefahren.
Wir haben eine Mordssache vor. Wir haben hier, außerhalb von Vancouver, eine Herde Vollblutstuten, die Jack Dubois nach Frankreich verkaufen sollte. Sie sind auf Lastwagen von Chilcotin hierhergebracht worden. Da drüben in Sea Island sind sie jetzt.«
»Aber was haben wir denn damit zu tun?« fragte ich.
Tom Baird grinste mich vielsagend an.

Ich hätte ein Freudengeschrei erheben und meinen Hut vor Begeisterung in die Luft werfen sollen, aber im Augenblick stand mir der Sinn nur danach, alles zu vergessen und auf dem kürzesten Weg ins Bett zu kommen.

Da trat Stuyvesant eilig in das Büro, in das Tom Baird uns geführt hatte. »Wißt ihr schon das Neueste, Jugens?« rief er. »Großartige Neuigkeit. Wir haben die allerbesten Zuchtstuten im ganzen Land gekriegt.«

Tom schubste uns zur Tür hinaus; seine Gamaschen schlappten ihm an den Beinen.

Während wir in einer billigen Kneipe nahe den Viehhöfen schnell ein Essen hinunterschlangen, erfuhren wir mehr über Dubois' Stuten.

Sie waren arabische Vollblüter reinster Zucht und hatten lange Zeit wild in den Waldschluchten unweit von Clinton im Karibu-Gebiet von Britisch-Columbien gelebt. Sie waren schnell wie Raketen und unglaublich zäh. Eine Menge der besten Coboys war nötig gewesen, um diese wilde Herde nach vielen vergeblichen Versuchen endlich in die Korrals zu kriegen. Achtzehn der unbändigsten Stuten, ein paar Fohlen und mehrere Junghengste waren von der Herde abgesondert und als erster Teil der beabsichtigten Lieferung nach Frankreich auf Lastwagen nach Sea Island bei Vancouver gebracht worden. Aber dann durchkreuzten die Tiere alle weiteren Pläne.

Die Wildlinge ließen sich nicht noch mal einfangen und in Gehege bringen. Als die Farmer auf der Insel sich bei Dubois beschwerten, erklärte der, die Pferde gehörten Tom Baird.

Da machten denn die Farmer Tom die Hölle heiß, er solle dafür sorgen, daß die Stuten von ihren Wiesen verschwänden, sonst würde es einen Prozeß geben. Dubois' Stuten hatten fast sämtliche Zäune in Sea Island umgerissen und die lammfrommen Pferde der

Farmer so aus dem Häuschen gebracht, daß jetzt nur noch eine einzige wilde Herde auf den Uferweiden herumlief und selbst viele von den schweren Ackergäulen der Farmer sich den Wildlingen angeschlossen hatten.

Sofort nach dem Essen fuhren wir hinaus, um die Herde anzusehen. Es waren prächtige, flotte Tiere, wie man sich keine schöneren hätte vorstellen können, aber sie waren so schnell auf den Beinen, daß wir von ihnen kaum mehr als die Schwänze zu Gesicht bekamen.

Es war jetzt die große Frage, wie wir diese Pferde von Sea Island in die Viehhöfe von Vancouver und weiter in die Waggons zur Fahrt nach Vanderhoof kriegen sollten. Es würde ein Vermögen kosten, den ganzen Weg einzuzäunen. Auf dem Rückweg zum Viehhof erklärte uns Tom, was er sich ausgedacht hatte.

»Wir werden sie schon hierherkriegen«, sagte er. »Ich habe mir Pferde und Stricke auf Jack Dubois' Rennbahn geliehen. Ihr beiden, dazu Stuyvesant und ich, wir nehmen die Pferde. Mein Schwiegersohn Gil Bakey und ein gewisser Jimmy werden mit einem Wagen vor der Herde herfahren. Die Zeit ist gerade richtig für uns. Bis wir alles soweit haben, ist Mitternacht vorbei. Dann ist kein Verkehr mehr, der uns alles durcheinanderbringen könnte, wenn wir über die Landstraße kommen.

Wir haben ein paar Rennpferde für euch beide ausgesucht – schnelle Pferde, die Diamond auf seiner Bahn zum Training nimmt. Zwei schnelle Pferde müssen wir dabei haben. Stuyvesant wird den Schecken vom Viehhof nehmen und ich meinen alten Fuchs.

Alles ist fertig; gleich kann's losgehen. Wir reiten hinaus nach Sea Island. Ihr beiden kennt die Straßen und Wege ja noch nicht, auf denen wir die Stuten nachher zurückbringen. Paßt also gut auf und haltet die Augen offen, wenn wir hinreiten.«

Es gab keinen Zweifel mehr. Rob und ich saßen in der Falle. Die Hunde hatten uns umstellt. Da waren wir nun endlich in der gro-

ßen Stadt, dem einzigen Ort, wo wir mal unser kärgliches Dasein im Busch vergessen, ein heißes Bad nehmen, saubere Kleider anziehen und zur Abwechslung mal, wie Rob sagte, das Leben von der anderen Seite kennenlernen wollten und wo ich vielleicht sogar mein blondes Traummädchen hätte treffen können, und was wartete ausgerechnet auf uns? Die einzige Herde wilder Pferde, die im Umkreis von ungefähr fünfhundert Kilometern aufzutreiben war!
Die Aufgabe, die uns bevorstand, war weitaus schwieriger, als es uns zunächst schien. Es ging darum, eine Koppel scheuer Stuten, die so schnell wie Rennpferde waren, durch gepflasterte Straßen und über hohe Brücken in eine Großstadt zu bringen. Die Wahrscheinlichkeit, daß Pferde und Männer sicher in die Viehhöfe am Güterbahnhof gelangen würden, war ziemlich gering. Tom betrachtete die ganze Angelegenheit optimistisch. So wie er es sich vorstellte, sah die Sache geradezu einfach aus; aber Rob und ich waren skeptisch. Da waren zunächst mal die Arbeitspferde der Farmer in Sea Island, die wir im Finstern von unserer Herde zu trennen hatten, ohne daß uns Gehege zur Verfügung standen. Na, wie Tom meinte, würden Dubois' Vollblutstuten ohnehin so rasen, daß die schweren Ackergäule der Farmer von selbst zurückblieben, bevor unsere Stuten richtig in Fahrt gekommen wären.

Die Viehhöfe waren alle hell erleuchtet, als wir von unserem kleinen Ausflug zurückkamen.
Ich warf einen Blick auf das Pferd, das Tom für mich bereitgestellt hatte, und mußte erst mal tief Luft holen. Ich erklärte ihm, daß ich bisher immer nur in einem Bocksattel geritten hätte und daß dieser flache Rennsattel für mich unmöglich wäre. Tom meinte aber, ich würde mich schnell daran gewöhnen.
»Sieh dir mal diese abgetretenen Hufeisen an«, schimpfte ich Tom an. »Was ist das für ein Sauladen bei euch? Nicht mal vernünftig beschlagen könnt ihr eure Gäule. Wenn es bloß ein bißchen Regen

gibt oder das Pflaster ist sonstwie glatt und schlüpfrig, dann kommt dies Pferd nicht mehr auf die Beine.«
Tom betrachtete nachdenklich die Hufeisen des Renners, die abgetreten und so dünn wie Papier waren.
»Halb so wild«, sagte er, »die Stuten von Dubois sind überhaupt nicht beschlagen, und wenn die auf den Beinen bleiben können, wird hier der alte Knacker das auch schaffen.«
Dann besah ich mir das Gebiß, das mein Pferd im Maul trug. Es war eine einfache Trense, und nachdem ich probiert hatte, wie das Pferd am Zügel ging, mußte ich feststellen, daß es nicht nur hart im Maul war, sondern offensichtlich auch noch nie etwas von Durchparieren gehört hatte. Immerhin gelang es mir, das Tier nach meinem Willen gehen zu lassen, indem ich nur an einem Zügel zog.
Ich wies Tom darauf hin, aber der meinte, ich brauche mich sowieso nicht viel mit Wenden und Drehen aufzuhalten.
»Aber wahrscheinlich«, meinte Tom »wirst du ihn überhaupt nicht zügeln brauchen, denn diese Stuten sind höllisch schnell.«
Das einzige, weswegen ich mich nicht bei Tom beschwerte, war das Pferd selbst. Es war ein großer, breitbrüstiger Fuchs mit breiter Stirn und klugen Augen. Er hatte tadellose Beine und Fesseln, und man sah beim ersten Blick, daß er laufen konnte.
Rob Stiegler hatte die gleichen Sorgen mit seinem Pferd wie ich. Nur Stuyvesant, der gewiegte Polospieler und Springreiter, hatte mit sicherer Hand das einzige gut zugerittene Pferd gefunden, das vorhanden war, und einen Bocksattel dazu.

Es waren gute fünfzehn Kilometer zu reiten bis dorthin, wo die Stuten sich aufhielten. Wir waren etwa fünf Kilometer geritten und bereits in die Vororte gelangt, als Tom uns mit etwas Neuem überraschte. Er hatte sich mit Stuyvesant über den Preis eines Vollblutwallachs unterhalten, den Stuyvesant kaufen wollte. Ich hatte nicht auf Einzelheiten aufgepaßt. Ich wußte nur, daß in dem Viehwaggon noch Platz für ein weiteres Pferd war.

Tom neigte sich aus dem Sattel zu Stuyvesant hinüber.
»Ich hab' schon alles in Ordnung gebracht. Wir kommen ohnehin gleich an dem Haus vorbei, wo der Rotfuchs steht. Ich habe mit dem Besitzer vereinbart, daß er scharf aufpaßt und das Pferd heute nacht zwischen zwei und drei herausbringt, sobald er uns kommen hört. Dann soll er das Gatter öffnen und den Fuchs herauslassen. Das ist die einfachste Art, den Gaul zum Bahnhof zu kriegen. Kostet uns keinen Pfennig Fracht. Der Fuchs schließt sich hier auf der Landstraße den Stuten an, läuft ein paar Kilometerchen mit, und schon sind wir am Viehhof.
»Du bist komplett verrückt«, rief ich Tom zu. »Wenn dieser Fuchswallach plötzlich zu den Stuten stößt – vorausgesetzt, daß wir glücklich so weit mit ihnen kommen –, dann spritzen sie bestimmt hier in alle vier Winde auseinander.«
»Ich hab' ihm 'ne Schelle umgehängt«, sagte Tom. »Wenn er mit einem Teil der Stuten durchbrennt, brauchen wir bloß dem Geläute zu folgen.«
»Das wird das verrückteste Ding, das wir jemals gedreht haben«, sagte ich, zu Rob gewandt.
Rob schien auch nicht übermäßig beglückt zu sein.
»Es ist eben mal 'ne Abwechslung«, sagte er.

Gil Bakey und Jimmy warteten an der wackeligen Holzbrücke auf uns, wo die Landstraße endete und die Uferweiden der Farmer anfingen. Sie hatten ihre Scheinwerfer abgedreht und lauschten. Unsere Pferde scheuten vor den schwarzen Umrissen des Lastwagens zurück. Wir saßen ab und tranken heißen Kaffee aus der Thermosflasche. Als wir im Dunkeln um den Wagen herumstanden, fragte ich Tom, warum nicht mal ein Schuß Rum im Kaffee wäre.
»Das würde uns ein bißchen aufwärmen und uns in Stimmung bringen für dies nächtliche Rennen durch Vancouver.«
»Und«, setzte Rob hinzu, »es würde uns vergessen lassen, daß wir

die Lichter der Großstadt nur vom Sattel eines galoppierenden Pferdes aus zu sehen bekommen dürfen.«
Ich sah, wie Tom uns im Dunkeln angrinste. Er sagte, wir würden genügend Rum bekommen, wenn die Pferde gut im Viehhof angelangt wären. Er und Stuyvesant hätten dafür gesorgt; aber erst käme die Arbeit, dann das Vergnügen.

»So, und jetzt paßt gut auf«, sagte Tom. »Bakey und Jimmy, ihr bringt den Wagen dort ans Ende der Brücke, ohne Licht und ohne Lärm. Ihr wartet dort, bis ihr die Pferde kommen hört. Dann wird es Zeit, anzufahren und vor den Stuten her die Brücke zu überqueren. Ihr fahrt dann die Straße entlang auf Vancouver zu und haltet den Wagen immer mindestens hundert Meter vor den Pferden.
Das ist die Hauptsache«, schärfte er Bakey und Jimmy ein, »daß ihr immer *vor* den Pferden bleibt, egal was passiert.
Striegler reitet mit mir zu den Wiesen. Dort treiben wir die Herde in den Dünen, oder wo wir sie sonst finden, auf und sehen zu, daß wir sie hier auf den Weg zur Brücke bringen. Hobson und Stuyvesant, ihr wartet hier an der Brücke und haltet euch bereit, schnell einzugreifen. Wenn ihr das Weiße im Auge der vordersten Stute seht, reitet ihr im höchsten Tempo los, zur Brücke hin – und die Stuten werden hinter euch herlaufen. Bakey fährt mit dem Wagen vorneweg, Rob Stiegler und ich werden von hinten nachsetzen, und so werden wir sie tadellos nach Vancouver hinein und zum Güterbahnhof bringen.
Es ist jetzt ein Uhr durch«, sagte Tom. »Jeder auf seinen Platz! Aber ich warne euch alle; wir müssen uns schwer 'ranhalten und reiten, was das Zeug hält. Und auch ihr beiden im Wagen, Bakey und Jimmy, dürft nicht trödeln.«

Tom und Rob ritten ins Dunkel der Nacht hinein, hin zu den Weiden von Sea Island. Bakey und Jimmy fuhren den Wagen in die richtige Stellung, stellten den Motor ab und machten das Licht aus.

Stuyvesant ritt mit mir durch Wiesen und Sand, um Ausschau zu halten.
Es war eine ruhige Nacht. Ein dünner Sprühnebel senkte sich auf uns herab. Das leiseste Geräusch schien sich zu verdoppeln. Das ferne Krächzen einer Möwe klang von den Dünen herüber. Ein Kaninchen schlüpfte aus einem Gebüsch und verschwand im Ungewissen. Das Geräusch genügte, um die Pferde zu beunruhigen.
Ich lenkte mein Pferd zur Seite, um einem Loch auszuweichen. Es folgte nicht schnell genug, stolperte in die Grube und sprang mit einem schwerfälligen Satz drüber hinweg. Mein Pferd kam gut wieder nach oben, aber ich landete mitsamt meinem ungewohnten Sattel unten im Loch.
Stuyvesant rief: »Was ist los? Hast du dich verletzt?«
»Fang das Pferd ein«, rief ich. »Schnell!«
Stuyvesant bekam die nachschleifenden Zügel des Tieres zu fassen und führte es zurück an die Grube. Ich warf den Sattel auf den Rand der Senke und krabbelte heraus. Mein Rücken fühlte sich an, als sei er verstaucht. Stuyvesant hielt mein Pferd. Ich zündete ein Streichholz an und sah nach dem Zaumzeug. »Der Sattelgurt ist gerissen«, knurrte ich. »Und damit jetzt galoppieren!«
»Ich möchte nicht zuviel sagen«, meinte Stuyvesant ruhig, »aber ich höre ganz leises Hufestampfen in der Ferne.«
Ich erwiderte nichts und vollbrachte die schnellste Reparatur meines Lebens. Ich hatte einen halben Meter Schnur bei mir. Ich nahm sie heraus, knüpfte den Sattelgurt mit einem Vierfachknoten zusammen und warf dem Pferd den Sattel wieder auf den Rücken.
»Ich hör' sie kommen«, sagte Stuyvesant »Sie nähern sich schnell. Mach bloß voran!«
Ich zog den Sattelgurt so fest wie möglich an, machte mit dem Ende der Schnur einen Sicherheitsknoten, nahm Stuyvesant meine Zügel aus der Hand und sprang in den Sattel.
Hufe klapperten. Die dunkle Masse rennender Pferde war dicht an

uns heran. Mein Vollblut fing an zu laufen. Wir waren mitten in der laut keuchenden, rasenden Herde. Ich bekam Stuyvesant noch einmal kurz zu Gesicht, wie er auf seinem Schecken in dem stampfenden, sausenden Haufen der dunkleren Stuten untertauchte.
Jetzt waren wir auf der Brücke. Elf der schnellsten Stuten hatten mein Vollblut schon überholt. Ich sah mich schnell um.
Ein Motor spuckte. Scheinwerfer leuchteten auf. Die Zuchtstuten waren in einem derartigen Tempo aus den Dünen aufgetaucht, daß der Wagen zurückblieb.

Die Brücke lag hinter uns; wir waren jetzt auf der gepflasterten Straße. Das Klappern und Rasseln der Hufe auf dem harten Pflaster klang wie ein Konzert von Dampfhämmern. Die dahinrasenden Stuten, die wohl bisher nie in ihrem Leben den Klang von Hufen auf Straßenpflaster gehört hatten, verloren völlig den Kopf und steigerten sich in ein wahnwitziges Tempo. Mein Vollblut biß auf die Trense. Ich gab ihm die Zügel frei. Der Fuchs streckte sich in voller Karriere und flog nur so dahin. Vor mir war nichts zu sehen. Wir rasten Vancouver zu.
Diese Leitstuten waren die schnellsten Pferde, die ich je in meinem Leben gesehen habe. Auf dem ersten Viertel des Weges liefen sie meinem Vollblutfuchs nur so davon. Die anderen Stuten und die Jungtiere waren an meiner Seite und fielen dann langsam zurück. Die schwarze, klappernde Masse hinter uns schob sich vor Bakeys Scheinwerfern her. Schließlich verschwanden die Lichter hinter uns im Dunkel.
Mein Pferd war den Stuten ein bißchen näher gekommen, wenn auch nicht viel.
Wenn ich ihnen nicht auf den Fersen bleibe, verlangsamen sie ihr Tempo, dachte ich.
Ich sah mich wieder um. Wir waren jetzt völlig allein auf der Straße.
Ich blickte geradeaus. Weit vor uns wurden die Lichter von Van-

couver sichtbar. Die Landstraße war ein hoher, asphaltierter Damm. An jeder Seite bildete ein drei bis vier Meter breiter Graben, halb gefüllt mit schlammigem Wasser, den Rand. Es war, als ritten wir mitten durch einen Kanal.
Menschenskind, dachte ich, wenn uns jetzt bloß kein Wagen entgegenkommt! Mein Fuchs holte ein bißchen auf. Wir waren etwa sechs Meter hinter der letzten Stute.
Jetzt kamen wir über eine Kreuzung.
Wenn es mir jetzt gelänge, diese Stuten auf eine Nebenstraße zu bringen, dachte ich, dann würden wir wenigstens nicht mitten in die Stadt hineinrasen.

Eine der Leitstuten glitt auf dem Pflaster aus und fiel hin. Wir hatten eine unerhörte Geschwindigkeit drauf. Eine zweite Stute fiel über sie. Drei oder vier weitere ebenfalls. Sie bildeten ein wildes Knäuel. Ich riß mein Pferd mit aller Kraft zurück, die ich noch in Armen, Schultern und Rücken hatte. Wir rutschten seitwärts.
Ich sah das Pflaster auf mich zukommen; ein Haufen um sich schlagender, keuchender, rutschender Pferdeleiber ringsumher. Ehe ich einen Gedanken fassen konnte, waren die Pferde wieder auf den Beinen, und weiter ging die Jagd. Die Luft pfiff in der Geschwindigkeit an meinen Ohren vorbei. Das laute Klacken von Pferdehufen auf hartem Pflaster dröhnte in die Nacht.
Die erste Bogenlampe flitzte vorüber, dann eine zweite. Eine Abzweigung tauchte vor uns auf. Zwei Stuten an der Spitze stießen gegeneinander, strauchelten und fielen. Einen Augenblick sah es so aus, als würde die ganze Herde wieder zu einem wilden Haufen um sich schlagender Leiber werden. Jetzt war ich heran. Es gab keinen Ausweg, also gab ich meinem Fuchs den Hals frei und legte mich weit nach vorn. Mit gewaltiger Wucht sprang er hoch in die Luft.
Mit einem dumpfen Schlag landeten wir jenseits wieder auf dem Pflaster, schlitterten vorwärts und dann zur Seite. Der Schreck war

meinem großen guten Vollblut offensichtlich schwer in die Glieder gefahren. Ich fühlte, wie er unter mir zitterte.
Ich sah mich um. Wir waren über acht Stuten, die sich am Boden wälzten, hinweggesprungen. Die anderen drei waren weitergelaufen und rasten weit vor uns nach Vancouver hinein.
Ich wendete meinen Fuchs herum und drängte die acht Stuten auf die Seitenstraße. Wir rasten an Häusern und Scheunen vorbei auf der schlammigen Nebenstraße. Weiter voraus im Dunkeln waren Flugzeugmotoren zu hören. Ich erinnerte mich daran, daß Tom von einem Flugzeug gesprochen hatte. Ein niedriger, moderner Bau tauchte plötzlich aus der Finsternis auf, von einem Drahtzaun umgeben. Das mußte wohl das Klubhaus des Flughafens sein. Wir sausten vorbei.
Dann waren wir auf einer langen, schmalen, ziemlich baufälligen Holzbrücke. Gute sechs Meter unter uns blinkte die Oberfläche eines schlammigen Wassers. Und dann erkannte ich, daß ein hohes Tor das jenseitige Ende der Brücke versperrte.. Ich konnte nicht wenden; es war zu eng. Der tiefe Abgrund unter mir sah schrecklich aus. Die Balken der Brücke bogen sich unter dem Gewicht der Pferde. Die Stuten waren zwischen mir und dem Tor auf der Brücke eingeschlossen. Ich brachte meinen Fuchs zum Stehen. Die Stuten hatten das Tor erreicht, gewendet und kamen vorsichtig, eine hinter der anderen, zurück. Ich hatte schon allerhand mit wilden Pferden erlebt, aber so etwas war mir doch noch nicht vorgekommen. Diese Stuten waren wirklich prächtige Tiere. Sie bewegten sich auf mich zu, als gingen sie auf Eiern. Mein Pferd stand stocksteif, schaumbedeckt und schweißgebadet. Sein Atem ging laut und keuchend. Die Reihe der Stuten kam seitlich auf uns zu, die vorderste berührte im Vorbeigehen mein Bein. Ich hielt den Atem an. Es war gerade soviel Platz, daß sie sich an mir vorbeizwängen konnte. Alle acht schafften es.
Jetzt ritt ich vorsichtig bis zum Tor, wendete und überquerte wieder die Brücke. Ich holte die wilde Herde vor dem dunklen Klub-

haus ein, wo sie innegehalten hatte und unschlüssig herumquirlte. In einem schnellen Anlauf bugsierte ich sie in die Umzäunung vor dem Gebäude hinein. Der Zaun war nur einen Meter hoch, aber nach diesem tollen Zehn-Kilometer-Lauf schnappten selbst diese Stuten nach Luft. Sie standen in einem Haufen beisammen und starrten mich und mein Pferd an, die wir die Toröffnung des Zaunes blockierten.

Das Geräusch der Flugzeugmotoren wurde von der Nacht verschluckt. Während wir so alle langsam wieder zu Atem kamen, erstarrte das Dunkel ringsumher in Schweigen.

Und dann hörte ich, ganz von ferne, das Klappern von Hufen auf der gepflasterten Landstraße. Es war einer jener merkwürdigen Zufälle und vielleicht auch ein Beweis für die unerklärliche Fähigkeit der wilden Pferde, den Aufenthalt ihrer Herdengenossen gleichsam zu ahnen.

Das Hufgeklapper auf dem Pflaster hörte plötzlich auf, und ein bißchen später tauchten die drei Stuten, die mir an der Kreuzung davongelaufen waren, auf dem Weg auf, der an dem Klubhaus vorbeiführte. Ich verstellte ihnen den Weg und trieb sie hinter den Zaun zu den übrigen.

Sicherlich hatte irgend etwas die drei auf der Landstraße aufgestört und veranlaßt umzukehren. An der Abzweigung waren sie dann wohl auf die Spuren und die Witterung ihrer Gefährtinnen gestoßen, und jetzt hatte ich sie hier alle wieder beisammen.

Ich weiß nicht, wie lange ich die Pferde auf dem Rasen am Klubhaus bewacht habe. Es müssen wohl Stunden gewesen sein. Meine Arme schmerzten von den Schultern bis zu den Fingerspitzen. Mein Rücken war gefühllos, und diese Mißgeburt von einem Sattel hatte meinen Oberschenkeln übel mitgespielt. Ich bekam abwechselnd in Zehen, Knöcheln und Schenkeln Krämpfe.

Fortwährend schaute ich in Richtung zur Landstraße hin und überlegte, was wohl aus den anderen geworden sein mochte. Nur

ein einziger Autoscheinwerfer zeigte sich während der Nacht, und als der Morgen dämmerte, kamen einige Wagen vorbei.
Ich war steif wie ein Brett und durchfroren bis auf die Knochen. Seit wir von Sea Island weggeritten waren, hatte ich beständig im Sattel gesessen. Ich hörte einen Wagen im Nebel auf uns zukommen. Hinter mir setzte das Motorengeräusch eines Flugzeuges ein. Die Stuten spitzten die Ohren und lauschten gespannt; dann begannen sie wieder, unruhig durcheinanderzulaufen.
Noch einen Augenblick, dachte ich, dann sind sie weg.
Und dann hielt der Wagen mit Tom am Steuer. Er war ohne Hut und voller Schlamm; die dreckige Brühe lief ihm übers Gesicht. Er war klatschnaß, von oben bis unten, bis auf die Brille.
Tom hielt an, lehnte sich zum Fenster hinaus und schrie: »Hurraa!«
Die Stuten quirlten in der niedrigen Umzäunung herum.
»Hast du sie gekriegt«, rief er. »Großartig! Wußte doch gleich, wo ich dich und deine Pferde finden würde.«
»Mensch, wie siehst du denn aus?« gab ich zurück. »Du hast wohl im Matsch geschwommen.«
«Genau das.« Tom grinste. »Alles ging schief. Auch die langsameren Gäule, Stuyvesant, Rob und ich dazu, überholten den Wagen schon auf der Brücke. Danach versuchte Bakey, mit dem Wagen an der Herde vorbeizukommen, aber der einzige, mit dem er klarkam, war Stuyvesant. Mein Pferd stolperte und rutschte von der Straße seitwärts in den Graben.
Wir wälzten uns im Wasser herum. Ich hing mit einem Fuß noch im Bügel, aber ich ließ die Zügel nicht los. Mußte 'ne Menge Jauche schlucken; dann kam endlich Stuyvesant. Wenn er vielleicht auch so ein Städter aus dem Osten ist, er behielt 'nen klaren Kopf. Er packte meinen Gaul am Halfter und hielt ihn fest. Ich kam frei, krabbelte wieder auf die Straße und warf mich ins Getümmel.
Ich sprang zu Bakey und Jimmy in den Wagen und sagte Stuyvesant, er sollte mit meinem Pferd auf der Straße nachkommen. Wir

fuhren derweilen voraus, um dich und Rob und die Pferde zu suchen.
Jetzt haben wir alles wieder beisammen«, schloß Tom. »Rob ist draußen in Lulu Island. Sein Trupp kam auf eine Nebenstraße und rannte zwölf Kilometer, bis es ihm gelang, die Pferde auf einem Acker zum Stehen zu bringen. Dort hält er sie jetzt.« Tom fuhr mit erhobener Stimme fort: »Wir müssen uns jetzt beeilen. Aber der Rest ist jetzt nur noch ein Kinderspiel.«
»Sieht ganz danach aus«, erwiderte ich. »Rutsch mal 'n bißchen, daß ich mich zu dir ins Auto setze. Ich werde jetzt diesen hartmäuligen Klepper zusammen mit den Stuten laufen lassen, wohin er will, und wir beiden werden uns nicht mehr um den ganzen Saftladen kümmern. Wir beide fahren jetzt zum Viehhof und trinken all den heißen Rum, von dem du erzählt hast, und dann schnapp' ich mir ein Taxi und fahr' ins Georgia-Hotel.«
Tom wendete den Wagen und rief mir zu: »In spätestens einer Stunde wirst du Hufgeklapper auf der Straße hören. Sobald das geschieht, bringst du die Stuten hier heraus zur Kreuzung. Wenn du's richtig machst, treffen wir uns dort wieder, und dann geht's weiter zum Viehhof. Bis dahin!«
Und weg war er. Ich fluchte.

Nach einiger Zeit hörte ich schließlich das Klappern von Hufen fern durch den Nebel. Ich ließ die Stuten aus der Umzäunung, und wir brausten nach Norden zur Landstraße hin. An der Kreuzung kamen die beiden Trupps zusammen. Tom Baird war wieder im Sattel, und hinter den anderen Pferden erblickte ich Rob und Stuyvesant.
»Der Wagen ist vorneweg diesmal!« rief Tom.
Ich lenkte mein Vollblut an die Spitze neben Tom. Er lehnte sich zu mir herüber.
»Dieser Fuchswallach, den Stuyvesant gekauft hat, steht ein Stückchen weiter geradeaus. Wir wollen versuchen, die Stuten ein biß-

chen langsamer laufen zu lassen, bis er zum Tor herauskommt.«
»Zum Kuckuck!« schimpfte ich. »Denk doch bloß nicht mehr an diesen Gaul. Laß ihn da, wo er ist!«
Mehr konnte ich nicht mehr sagen. Wir kamen jetzt an Häusern vorüber. Eines stand ein bißchen weiter zurück. Ein Rasen war davor. Ein Stacheldrahtzaun trennte ihn von der Straße.
Wie ein Schatten fegte plötzlich ein Fuchs über diesen Rasen. Das hohe Pfeifen eines überspannten Drahtes peitschte durch die Luft. Der Fuchs war bei uns, ein Stück Draht war ihm im Schwanz hängengeblieben.
»Heiliger Strohsack«, schrie ich.
Der Fuchs rannte zwischen den Stuten hinter uns hindurch; der Draht schwirrte herum.
Tom rief Stuyvesant und Rob zu: »Bleibt um Gottes willen im Sattel; reitet drauf zu!«
Jetzt waren wir hinter den Häusern in den Gärten. Wäscheleinen flogen uns um die Köpfe.
Die Leute schrien, Frauen und Kinder brachten sich eilends in Sicherheit, Lattenzäune krachten. Das wilde Klingeln einer Pferdeschelle vermischte sich mit dem lauten Schnauben der Pferde und dem Hufgetrampel.
»Denselben Weg zurück!« schrie Tom und duckte sich rasch unter eine Wäscheleine.
Und dann, so plötzlich wie wir von der Hauptstraße weg in die Hinterhöfe von Vancouver gelangt waren, fanden wir uns auf der Landstraße wieder. Dann kam die große Brücke über die Eisenbahn. Lastwagen kamen uns in rasender Geschwindigkeit im Nebel entgegen. Wir hatten die Brücke halb hinter uns. Tief unter uns sahen wir die Gleise; es sah aus, als verliefen sie auf dem Grund des Grand Canyons.
Bremsen kreischten, Lastwagen kamen ins Schleudern, die Stuten stolperten, rutschten, fielen. Pferde wieherten, schnaubten, Menschen fluchten. Mein Vollblut rannte, um einem Lastwagen auszu-

weichen, gegen das Brückengeländer. Ich riß die Füße aus den Steigbügeln und warf sie hoch. Dann fühlte ich einen schrecklichen Stoß, als mein Pferd unter mir gegen der Geländer schmetterte. Ich sah, wie Blut, Haare und Fell an dem splitternden Holz hängenblieben. Dann waren wir wieder klar. Alles war so schnell gegangen, daß die Gedanken nicht folgen konnten.
Und hier kamen die großen Tore der Viehhöfe. Sie waren genau vor uns. Viehhändler, eine große Menschenmenge, eine Reihe von Wagen versperrten den Weg. Neben mir hörte ich Tom schreien. Menschen winkten, und dann schlossen sich Tore hinter uns.
»Kreuzgewitter noch mal«, schrie Tom. »Da sind wir ja alle. Männer und Pferde – hier im Viehhof. Was hab' ich euch gesagt? Das war doch gar nichts.« Tom schnippste mit den Fingern. »Und wir sind gerade rechtzeitig gekommen, um sie mit dem Schnellzug nach Vanderhoof zu verladen.«

Es gelang Rob und mir, die wilden Stuten gut bis nach Batnuni zu bringen, aber mein blondes Traummädchen habe ich nicht zu Gesicht bekommen – und gebadet haben wir auch nicht.

R. P. Hobson

Als der Jäger der Eiszeit das Pferd als Haustier aufnahm, war er nur an dessen Fleisch interessiert. Viel später wurde das Pferd Zugtier und noch später Reittier.

In vielen Religionen spielt das Pferd eine große Rolle. So wurden zum Beispiel Götter häufig beritten dargestellt, oder das Pferd wurde als Totengabe den Verstorbenen mit ins Grab gelegt. Man hängte auch Pferdeschädel als Schutz gegen Dämonen in Bäumen und Giebeln auf.

Bevor der Benzinmotor erfunden und Autos konstruiert wurden, war das Pferd das wichtigste und vor allem schnellste Transportmittel auf der ganzen Welt. Es blieb bis in unsere Zeit der Inbegriff von Stärke. Sogar die Leistungsfähigkeit eines Autos wurde in Pferdestärken, in PS, gemessen.

Ruhig und ausdauernd zogen Pferde nicht nur Kutschen und Wagen über ländliche Straßen. Sie wurden auch unter Tage gebracht und mußten die Kohlenwagen durch die Bergwerkstollen ziehen. Diese Tiere blieben immer unten. Das Tageslicht sahen sie nie wieder.

Die Besiedelung Amerikas ist ohne das Pferd undenkbar. Pferde zogen die Planwagen der Siedler viele tausend Kilometer nach Westen. Sie überquerten dabei hohe Gebirge, durchzogen endlose Wüsten und schwammen durch breite Flüsse. Als aus den Siedlern dann Viehzüchter geworden waren, konnten die riesigen Rinderherden nur mit Hilfe von Pferden gehütet werden.